독일어 첫걸음

즉석에서 바로바로 활용하는

일상생활 독일어 첫걸음

저 자 FL4U컨텐츠
발행인 고본화
발 행 반석출판사
2018년 4월 5일 초판 1쇄 인쇄
2018년 4월 10일 초판 1쇄 발행
홈페이지 www.bansok.co.kr
이메일 bansok@bansok.co.kr
블로그 blog.naver.com/bansokbooks

07547 서울시 강서구 양천로 583. B동 1007호
　　　　(서울시 강서구 염창동 240-21번지 우림블루나인 비즈니스센터 B동 1007호)
대표전화 02) 2093-3399 **팩　스** 02) 2093-3393
출 판 부 02) 2093-3395 **영업부** 02) 2093-3396
등록번호 제315-2008-000033호

Copyright ⓒ FL4U컨텐츠

ISBN 978-89-7172-865-9 (13750)

일상생활 독일어 첫걸음

독일 지도(관광 · 비즈니스 · 유학)

❶ 브레멘
벡스 공장
⇨ 독일의 상징 중 하나인
맥주를 만드는 공장이다.

❷ 하노버
하노버국립
음악대학

❸ 볼프스부르크
폴크스바겐 본사,
아우토슈타트

❹ 베를린
브란덴부르크 문, 베를린 장벽
훔볼트대학교, 베를린자유대학교

❺ 라이프치히
라이프치히대학교
⇨ 하이델베르크대학교에 이어 독일
에서 두 번째로 역사가 오래된 대
학교로, 의대가 가장 유명하다.

❻ 드레스덴
폴크스바겐 유리공장(페이튼)

❼ 도르트문트
루르 공업지대
⇨ 노르트라인-베스트팔렌 주에 있는 독일 최대의 공업지
대로 철강, 화학 등이 발달된 인구 밀집 지역이다. 뒤스
부르크, 도르트문트, 에센 등의 공업도시가 속해 있다.

❽ 쾰른
쾰른대학교
쾰른 대성당
⇨ 유네스코 세계문화
유산으로 등재된 독
일의 명소 중 하나이
다. 규모뿐 아니라 내부의 예
술작품 역시 훌륭하다.

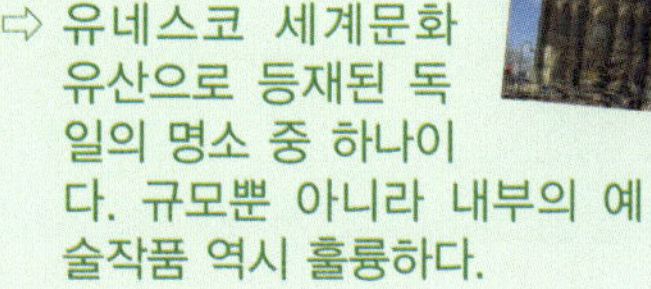

❾ 본
라인 프리드리히 빌헬름 본 대학교
⇨ 독일에서 가장 규모가 큰 대학
중 하나이다. 본 지역 여러 군데
에 건물이 흩어져 있다.

❿ 프랑크푸르트
괴테대학교

⓫ 만하임
만하임대학교
⇨ 경제학, 경영학 방면으로는
독일 최고의 대학교이다.

⓬ 하이델베르크
하이델베르크대학교
⇨ 독일에서 가장 오래
된 역사 깊은 대학
교이다. 다수의 노
벨상 수상자를 배출
한 명문이다.

⓭ 슈투트가르트
메르세데스-벤츠 본사, 박물관
(공장은 약간 떨어진 진델핑겐)
포르셰 본사, 박물관

⓮ 루스트
오이로파파크
⇨ 유럽에서 두 번째로, 독일에서
첫 번째로 큰 테마파크이다.

⓱ 콘스탄츠
보덴호
⇨ 독일, 오스트리아, 스위스에 걸쳐 있는 커다란 호수이다.

⓯ 잉골슈타트
아우디 공장, 박물관

⓰ 뮌헨
BMW 본사, 공장, 박물관
⇨ BMW 공장은 독일에 다섯 군데 즉,
뮌헨 외에 라이프치히, 레겐스부르크,
딩골핑, 란츠후트에 있다. 라이프치히
외에는 뮌헨과 같은 주인 바이에른
주에 속해 있다.
뮌헨 루드비히 막시밀리안 대학교(LMU)
뮌헨공과대학교
⇨ 공학 분야에서 독일을 대표하는 학교
중에 하나이다.

⓲ 호엔슈방가우
노이슈반슈타인 성
⇨ 독일의 가장 유명한 성 중 하나로, 디즈니랜
드의 신데렐라 성도 이 성을 본따 만들어졌
다고 한다.

⓳ 가르미슈파스텐키르헨
추크슈피체 산
⇨ 독일에서 가장 높은 산으로, 알프스 산맥의 일
부이다. 높이가 2,962m에 달한다.

Preface 머리말

독일은 세계적인 경제강국입니다. 공업, 예술 등 여러 산업들이 발달했고 많은 사람들이 일자리를 얻거나 유학을 하기 위해 독일로 일시적인 혹은 영구적인 이주를 계획하기도 합니다. 이러한 계획에서 독일어 회화는 필수적입니다. 또한 독일은 많은 성과 웅장한 건물 등의 볼거리가 다양하며 주변에 또 다른 관광 국가들이 있어 독일 단독으로 혹은 독일 근처의 다른 나라와 묶어서 여행을 하고자 하는 관광객이 많습니다. 이럴 때 역시 어느 정도의 독일어 회화가 가능하다면 더욱 즐거운 여행이 되겠지요. 특히 스위스, 오스트리아, 벨기에 등은 독일어가 공용어이기 때문에 더더욱 그렇습니다.

이 책은 어떤 장면이나 상황에서도 독일어 회화를 정확하고 다양하게 구사할 수 있게 꾸며졌습니다. 총 6개의 파트로 구성되어 일상생활이나 여행 또는 비즈니스 등 다방면에 걸쳐 두루 활용할 수 있으며, 특히 초급자들이 자신이 하고 싶은 독일어를 바로바로 말할 수 있도록 하기 위해 독일어 발음을 한글로 표기하여 쉽게 접근할 수 있습니다.

이 책에 실린 문장들은 현지 독일 사람들이 많이 사용하는 표현들을 엄선하였고 꼭 필요한 한 마디 한 마디를 정성껏 간추렸습니다. 또한 기존 독일어 회화 교재와는 달리 활자의 크기를 조절하여 다양한 연령층이 쉽게 볼 수 있도록 구성했습니다. 이 책의 특징은 다음과 같습니다.

★ 장면별 구성으로 어느 상황에서든 유용하게 쓸 수 있는 사전식 구성
★ 일상생활에서 흔히 접하는 2,000여 회화표현 엄선 · 수록
★ 독일어 초보자도 가볍게 접근할 수 있도록 한글로 발음 표기
★ 이 책 한 권으로 독일어 초급회화에서 중급회화까지 마스터

마지막으로 이 책을 접하신 모든 분들에게 유익한 교재가 되기를 진심으로 바랍니다.

FL4U컨텐츠 드림

Contents 차례

Teil 04 거리낌 없는 감정 표현

Teil 05 일상생활의 화제 표현

Kapitel 01 가족에 대해서

Teil 06 여행과 출장에 관한 표현

Kapitel 01 출국 비행기 안에서

1 독일어 알파벳

A a [a: 아:]	Apfel 아펠
B b [be: 베:]	Bank 방크 ▪ 낱말 맨 끝이나 자음 앞에 올 경우 /p/로 발음된다.
C c [tse: 체:]	Cousin 쿠진
D d [de: 데:]	Doktor 독터 ▪ 낱말 맨 끝에 올 경우 /t/로 발음된다.
E e [e: 에:]	Ende 엔데
F f [ɛf 에프]	Familie 파밀리에
G g [ge: 게:]	Garten 가르텐 ▪ 낱말 맨 끝이나 자음 앞에 올 경우 /k/로 발음된다.
H h [ha: 하:]	Haus 하우스 ▪ 모음 뒤에 오면 묵음 처리되는 경우가 많다.
I i [i: 이:]	Ich 이히
J j [jɔt 요트]	Juli 율리 ▪ 모음과 결합하여 이중모음으로 발음된다.
K k [ka: 카:]	Kind 킨트
L l [ɛl 엘]	Lattich 라티히
M m [ɛm 엠]	Mutter 무터
N n [ɛn 엔]	Nase 나제
O o [o: 오:]	Ohr 오어
P p [pe: 페:]	Platz 플라츠
Q q [ku: 쿠:]	Qualität 크발리태트
R r [ɛr 에르]	Rose 로제
S s [ɛs 에스]	Spanien 슈파니엔 ▪ 모음 앞이나 낱말 맨 앞에 올 때 /z/로 발음된다.
T t [te: 테:]	Tafel 타펠
U u [u: 우]	Uhr 우어
V v [fau 파우]	Vater 파터 ▪ 외래어는 /v/로 발음된다.
W w [ve: 베:]	Wagen 바겐
X x [ɪks 익스]	Xenie 크세니
Y y [ʏpsilɔn 윕실론]	Yacht 야흐트
Z z [tsɛt 체트]	Zirkel 지르켈
Ä ä [ɛ: 에: / 아 움라우트]	Ära 에라
Ö ö [ø: 외: / 오 움라우트]	Öl 욀
Ü ü [y: 위: / 우 움라우트]	Übel 위벨
ß ß [ɛstsɛt 에스체트]	Fuß 푸쓰

* 복자음 ch는 a, o, u 뒤에서는 [흐]로 발음되며 그 외에는 보통 [히] 혹은 [쉬]로 발음된다. chs는 [크스]로 발음된다. 단어의 끝에 ig가 오면 [히]로 발음된다.
* 복모음 ai, ay, ei, ey는 모두 [아이]로 발음된다. äu, eu는 [오이]로 발음된다.

독일어는 라틴어 알파벳에 네 개의 특수문자까지 총 30개로 이루어져 있다. 우선 A부터 Z까지 26개의 대소문자는 영어와 같다. 여기에 '움라우트(Umlaut)'가 붙은 모음 문자 세 개와 ß까지 총 30개이다. ß는 ss와 발음이 같으며 원래 대문자가 없었으나 필요에 의해 최근에 정식으로 대문자가 인정되었다.

② 강세

1. 원칙적으로 첫 음절에 강세가 있다.
   - aber 아버
   - kommen 콤멘
   - monat 모나트
   - Messer 메서

2. 합성명사는 주로 앞 단어에 강세가 있다. 반대로 합성부사는 끝 부분에 강세가 있다.
   - Autobann 아우토반
   - Hausaufgabe 하우스아우프가베
   - allein 알라인
   - woher 보헤어

3. 외래어는 끝 음절이나 끝에서 두 번째 음절에 강세가 있다.
   - Museum 무제움
   - Musik 무직

4. 분리전철(ab-, an-, auf-, aus-, ein-, fern-, mit-, vor-, zu-, zurück-)에 강세가 있다. 비분리전철(be-, emp-, ent-, er-, ge-, miss-, ver-, zer-)에는 강세가 없고 그 뒤에 강세가 온다.
   - abfahren 압파렌
   - einkaufen 아인카우픈
   - bekommen 베컴멘
   - empfehlen 엠펠런

5. -ei, -ent, -eri, -ie, -ier, -ieren, -ist 등의 후철이 있으면 후철에 강세가 온다.
   - Bäckerei 베커라이
   - studieren 스투디어런

③ 성, 수, 격

독일어는 성, 수, 격이 발달된 언어이다. 독일어는 명사를 대문자로 시작하는데, 이 명사들은 모두 성을 가지고 있어 남성명사, 여성명사, 중성명사로 구분된다. 명사의 복수형을 만드는 법은 어느 정도의 규칙성(+ -e/-(e)n/-s/-er, 모음에 움라우트가 붙음, 혹은 단수동형)이 있긴 하지만 꽤 불규칙적이어서 단수명사와 복수명사를 함께 알아두는 것이 좋다. 또한 명사는 문장 내에서의 쓰임에 따라 1격(주격 Nominativ), 2격(소유격 Genitiv), 3격(여격 Dativ), 4격(대격 Akkusativ)으로 사용되는데 특정한 동사가 특정한 격의 명사만 취하기도 하고, 격에 따라서 뒤에 오는 단어의 형태가 변하기도 한다. 따라서 성, 수, 격에 따른 다양한 단어의 변화를 알고 활용할 수 있어야 한다.

④ 인칭대명사

		1격(~이/가)	4격(~을/를)	3격(~에게)	2격	소유관사
1인칭	단수	ich 이히	mich 미히	mir 미어	meiner 마이너	mein 마인
	복수	wir 비어	uns 운스	uns 운스	unser 운저	unser 운저
2인칭	단수	du 두	dich 디히	dir 디어	deiner 다이너	dein 다인
	복수	ihr 이어	euch 오이히	euch 오이히	euer 오이어	euer 오이어
	*	Sie 지	Sie 지	Ihnen 이넨	Ihrer 이어러	Ihr 이어
3인칭	단수 남성	er 에어	ihn 인	ihm 임	seiner 자이너	sein 자인
	단수 여성	sie 지	sie 지	ihr 이어	ihrer 이어러	ihr 이어
	단수 중성	es 에스	es 에스	ihm 임	seiner 자이너	sein 자인
	복수	sie 지	sie 지	ihnen 이넨	ihrer 이어러	ihr 이어

* 2인칭의 Sie는 du/ihr보다 격식을 갖추어야 하는 사이에서 사용하는 말이며 단복수 구분이 없다. 2인칭으로 사용할 때는 항상 대문자로 시작한다.

* 2격은 독일어 문장에서 2격을 사용해야 하는 경우 등에 필요한 문법사항이며, 실제로 '~의'라는 소유의 의미를 사용할 때는 소유관사를 사용한다. 위의 표에 있는 내용은 남성 단수 1격에 해당하는 기본형이며, 뒤에 오는 명사의 성, 수, 격에 따라 변화한다(meines Vaters – 나의 아버지의, meine Mutter – 나의 어머니가…). 2인칭 복수를 제외한 나머지 소유관사들은 동일하게 변화하므로 1인칭 단수의 기본 변화표와 2인칭 복수 변화표를 싣는다.

	+ 남성명사	+ 여성명사	+ 중성명사	+ 복수명사
1격	mein	meine	mein	meine
2격	meines + -s	meiner	meines + -es	meiner
3격	meinem	meiner	meinem	meinen + -n
4격	meinen	meine	mein	meine

	+ 남성명사	+ 여성명사	+ 중성명사	+ 복수명사
1격	euer	eure	euer	eure
2격	eures + -s	eurer	eures + -es	eurer
3격	eurem	eurer	eurem	euren + -n
4격	euren	eure	euer	eure

- Dies ist mein Kollege Herr Peter. 디스 이스트 마인 콜레게 헤어 페터
  이쪽은 제 동료인 페터 씨입니다.

5 관사

영어의 the/a/an와 마찬가지로 독일어에도 정관사와 부정관사가 있다. 이 관사 역시 명사의 성, 수, 격에 따라 변화한다. 따라서 단어를 외울 때는 관사와 함께 외우는 것이 효과적이다.

정관사	+ 남성명사	+ 여성명사	+ 중성명사	+ 복수명사
1격	der 데어	die 디	das 다스	die 디
2격	des 데스	der 데어	des 데스	der 데어
3격	dem 뎀	der 데어	dem 뎀	den 덴
4격	den 덴	die 디	das 다스	die 디

부정관사	+ 남성명사	+ 여성명사	+ 중성명사	+ 복수명사
1격	ein 아인	eine 아이네	ein 아인	-
2격	eines 아이네스	einer 아이너	eines 아이네스	-
3격	einem 아이넴	einer 아이너	einem 아이넴	-
4격	einen 아이넨	eine 아이네	ein 아인	-

* 부정관사 앞에 k를 붙이면 부정하는 표현이 된다.

- Ich bin der älteste Sohn. 이히 빈 데어 엘테스테 조-온
  저는 장남입니다.
- Wie ist die neue Arbeit? 뷔 이스트 디 노이에 아-바이트
  새로 하시는 일은 어때요?
- Ich mache jetzt eine Diät. 이히 막헤 옛츠트 아이네 디에트
  나는 지금 다이어트 중이다.

6 형용사 변화

형용사 역시 명사의 성, 수, 격에 따라 변화한다. 또한 관사의 종류에 따라서도 달라진다.

정관사 + 형용사	+ 남성명사	+ 여성명사	+ 중성명사	+ 복수명사
1격	-e	-e	-e	-en
2격	-en	-en	-en	-en
3격	-en	-en	-en	-en
4격	-en	-e	-e	-en

부정관사 + 형용사	+ 남성명사	+ 여성명사	+ 중성명사	+ 복수명사
1격	-er	-e	-es	-
2격	-en	-en	-en	-
3격	-en	-en	-en	-
4격	-en	-e	-es	-

무관사 + 형용사	+ 남성명사	+ 여성명사	+ 중성명사	+ 복수명사
1격	-er	-e	-es	-e
2격	-en	-er	-en	-er
3격	-em	-er	-em	-en
4격	-en	-e	-es	-e

- **Ich liebe den kleinen Hund.** 이히 리베 덴 클라이넨 훈트
  나는 그 작은 강아지를 사랑한다. (정관사 4격 남성명사)
- **Hier ist ein kleines Geschenk.** 히어 이스트 아인 클라이네스 게솅크
  여기 조그만 선물입니다. (부정관사 1격 중성명사)

7 동사 변화

독일어의 동사는 영어의 be동사에 해당하는 sein동사(~이다/있다)와 일반동사가 있다. 이 동사들은 주어의 인칭과 수에 따라 변화한다. 일반동사는 규칙변화하는 동사와 불규칙변화하는 동사가 있다. 일반동사는 대부분 −n이나 −en으로 끝나는데 −n이나 −en 부분이 변화한다. 여기서는 대표적인 불규칙변화동사 haben(~을 가지고 있다)의 변화형을 싣는다.

			sein동사
단수	1인칭(ich)	bin 빈	
	2인칭(du)	bist 비스트	
	3인칭(er/sie/es)	ist 이스트	
복수	1인칭(wir)	sind 진트	
	2인칭(ihr)	seid 자이트	
	3인칭(sie) *2인칭 단복수 Sie	sind 진트	

			규칙동사(lieben 리벤)
단수	1인칭(ich)	liebe 리베	
	2인칭(du)	liebst 립스트	
	3인칭(er/sie/es)	liebt 립트	
복수	1인칭(wir)	lieben 리벤	
	2인칭(ihr)	liebt 립트	
	3인칭(sie) *2인칭 단복수 Sie	lieben 리벤	

			불규칙동사(haben 하벤)
단수	1인칭(ich)	habe 하베	
	2인칭(du)	hast 하스트	
	3인칭(er/sie/es)	hat 하트	
복수	1인칭(wir)	haben 하벤	
	2인칭(ihr)	habt 합트	
	3인칭(sie) *2인칭 단복수 Sie	haben 하벤	

- **Ich bin** sehr zufrieden. 이히 빈 제어 추프리–덴
  난 정말로 만족스러워.

- Wie alt **bist du**? 뷔 알트 비스트 두
  너 몇 살이야?

- **Wir** komm**en** aus Korea. 비어 콤멘 아우스 코리아
  우리는 한국에서 왔어요.

- **Er hat** einen starken Unterstüzer. 에어 핱 아이넨 슈타–켄 운터슈튓처
  그에게는 강력한 후원자가 있어요.

Teil 1

자연스러운 만남의 표현

Wie geht's Ihnen?(어떠세요?) / Gut. Danke, und Ihnen?
(네, 잘 지냅니다. 물어봐 주셔서 감사합니다. 당신은요?) / Mir
geht es auch gut.(네, 저도 잘 지냅니다.) / Gut.(좋네요.) 등
은 우리나라에서도 웬만큼 친숙한 사이라면 익숙한 표현입니다.
'안녕하세요', '네, 안녕하십니까'와 같은 두세 마디 인사법이 통
하는 나라에서 온 사람들로서는 성가신 일이지만, 관심을 갖고
물어보는 데 묵묵부답으로 대처할 수 없는 노릇입니다.

01 일상적인 만남의 인사

Guten Morgen, Guten Tag, Guten Abend, Gute Nacht을 사용하는 시간대는 확실히 정해져 있는 것은 아니므로 오전, 오후, 저녁, 밤으로 나누어 사용하면 됩니다. 친구들과 인사를 나눌 때는 Wie geht's dir?(잘 지내니? * dir는 친숙한 사이에서 씁니다.)라는 표현을 많이 사용합니다. 이에 대한 응답으로는 Mir geht es gut.(잘 지내.), 또는 Super.(기분이 최고야.)라고 합니다.

Abschnitt 1 일상적인 인사를 할 때

☀ 안녕!
Hallo!
할로

☀ 안녕하세요!
Hallo!
할로

■ 함부르크 항만

☀ 안녕하세요! (아침 인사)
Guten Morgen!
구텐 모-겐

■ 뮌헨 알리안츠 아레나

☀ 안녕하세요! (낮 인사)
Guten Tag!
구텐 탁

☀ 안녕하세요! (밤 인사)
Guten Abend!
구텐 아벤트

✿ 잘 있었니! (친한 사람끼리)
Wie geht's dir?
뷔 게-츠 디어?

✿ 휴일 잘 보내셨어요?
Wie war Ihr Wochenende?
뷔 봐 이어 뷕흔엔데

✿ 지난 주말은 어떻게 보내셨어요?
Was haben Sie am letzten Wochenende gemacht?
봐스 하벤 지 암 렛츠텐 뷕흔엔데 게막흐트

✿ 무슨 좋은 일 있으세요?
Haben Sie eine gute Nachricht?
하벤 지 아이네 구테 낙흐리히트

✿ 날씨 참 좋죠, 그렇죠?
Das Wetter ist so schön, oder?
다스 뷔터 이스트 조 쉔 오다

Abschnitt	**2**	**우연히 만났을 때**

✿ 아니 이게 누구세요!
Schau mal, wer da ist!
샤우 말, 뷔어 다 이스트

✿ 세상 정말 좁군요!
Wie klein doch die Welt ist!
뷔 클라인 도흐 디 뷀트 이스트!

✿ 여기서 당신을 만나다니 뜻밖이군요.
So eine Überraschung, Sie hier zu sehen.
조 아이네 위버라슝, 지 히어 추 제엔

* 이곳에서 당신을 보리라곤 생각도 못했어요.

Ich habe gar nicht erwartet, Sie hier zu sehen.

이히 하베 가- 니히트 에어봐-테트, 지 히어 추 제엔

* 그렇지 않아도 너를 만나고 싶었었는데.

Eigentlich wollte ich dich treffen.

아이겐틀리히 뷜테 이히 디히 트레펜

* 여기에 어쩐 일로 오셨어요?

Darf ich fragen, was Sie hier machen?

다프 이히 프라겐 봐스 지 히어 막헨

* 우리 전에 만난 적이 있지 않습니까?

Wir haben uns schon vorher getroffen, oder?

뷔어 하벤 운스 숀 포어헤어 게트롭펜, 오다

Abschnitt 3 안녕을 물을 때

* 어떻게 지내세요?

Wie geht's Ihnen?

뷔 게-츠 이넨

* 안녕, 어떻게 지내니?

Hallo, wie geht's?

할로, 뷔 게-츠

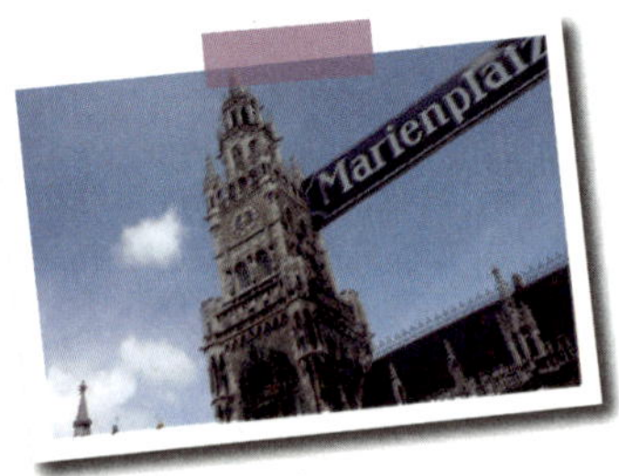

■ 뮌헨 마리엔광장

* 별일 없으세요?

Ist alles klar bei Ihnen?

이스트 알레스 클라 바이 이넨

* 오늘은 좀 어떠세요?

Wie geht's Ihnen heute?

뷔 게츠 이넨 호이테

* 오늘 즐거우셨나요?
Haben Sie heute viel Spaß gehabt?
하벤 지 호이테 필 슈파쓰 게합트

* 어떻게 지내셨어요?
Wie geht's Ihnen?
뷔 게츠 이넨

* 일은 좀 순조롭게 진행되어 가나요?
Läuft die Arbeit ohne Problem?
로이프트 디 아-바이트 오네 프로블램

* 새로 하시는 일은 어때요?
Wie ist die neue Arbeit?
뷔 이스트 디 노이에 아-바이트

Abschnitt 4 오랜만에 만났을 때

* 오랜만입니다.
Lange nicht mehr gesehen.
랑에 니히트 메어 게제엔

* 여전하군요.
Sie haben sich wenig verändert.
지 하벤 지히 뷔니히 풔어엔더트

* 참 오랜만이군요.
Es ist lange her, dass wir uns gesehen haben.
에스 이스트 랑에 헤어 다쓰 뷔어 운스 게제엔 하벤

* 몇 년 만에 뵙는군요.
Es ist Jahre her, dass wir uns gesehen haben.
에스 이스트 야레 헤어, 다쓰 뷔어 운스 게제엔 하벤

오, 김 선생님! 정말 오랜만이군요.
Oh, Herr Kim! Lange nicht gesehen.
오, 헤어 킴! 랑에 니히트 게제엔

세월 참 빠르군요.
Die Zeit vergeht sehr schnell.
디 차이트 풰어게-트 제어 슈넬

보고 싶었어.
Ich habe dich vermisst.
이히 하베 디히 풰어미쓰트

별고 없으십니까?
Läuft alles gut bei Ihnen?
로이프트 알레스 굿 바이 이넨

다시 만나서 반갑습니다.
Schön Sie wieder zu sehen.
쉔 지 비더 추 제엔

요즘 당신 보기 힘들군요.
Ich habe Sie in letzter Zeit nicht gesehen.
이히 하베 지 인 렛츠터 차이트 니히트 게제엔

그냥 인사하려고 들렀어요.
Ich bin nur gekommen, um Hallo zu sagen.
이히 빈 누어 게커멘 움 할로 추 자겐

여기서 당신을 보리라곤 기대하지 않았습니다.
Ich habe gar nicht erwartet, Sie hier zu sehen.
이히 하베 가 니히트 에어봐-테트 지 히어 추 제엔

Abschnitt **5** 안부를 묻고 답할 때

✿ 가족들은 안녕하신지요?
Wie geht's Ihrer Familie?
뷔 게츠 이-러 퐈밀리에

✿ 가족들은 모두 잘 있습니까?
Ist alles klar bei Ihrer Familie?
이스트 알레스 클라 바이 이-러 퐈밀리에

✿ 부모님께서는 평안하신지요?
Ist alles klar bei Ihren Eltern?
이스트 알레스 클라 바이 이-렌 엘턴

✿ 모두들 잘 지내시는지요?
Wie geht es allen?
뷔 게-트 에스 알렌

✿ 밀러 씨가 당신 안부를 전하더군요.
Herr Miller möchte Ihnen Grüße ausrichten.
헤어 밀러 묔히테 이넨 그뤼쎄 아우스리히텐

✿ 존은 어떻게 됐어요?
Wie geht es John?
뷔 게-트 에스 존?

✿ 그는 어떻게 지내고 있지요?
Wie geht es ihm?
뷔 게-트 에스 임?

✿ 가족들에게 안부 좀 전해 주세요.
Grüßen Sie Ihre Familie von mir.
그뤼쎈 지 이-레 퐈밀리에 폰 미어

터놓고 지내도 좋은 분위기라면 Hallo. Es freut mich, Sie kennen zu lernen. 정도로 말하면 처음 만나는 사람과 금방 서로 친하게 됩니다. '잘 부탁합니다.'가 독일어에서는 '만나서 반갑습니다.'라는 표현이 되도록 독일어다운 발상에 주의하면서 독일어 회화를 몸에 익히도록 합시다.

Abschnitt 1 처음 만났을 때

✿ 처음 뵙겠습니다.

Ich freue mich, Sie zu sehen.

이히 프로이에 미히 지 추 제엔

✿ 만나서 반갑습니다.

Ich freue mich, Sie zu sehen.

이히 프로이에 미히 지 추 제엔

✿ 알게 되어 기쁩니다.

Ich freue mich, Sie kennen zu lernen.

이히 프로이에 미히 지 켄넨 추 레어넨

✿ 만나뵙게 되어 대단히 반갑습니다.

Sehr erfreut, Sie zu sehen

제어 에어프로이트 지 추 제엔

✿ 만나뵙게 되어 영광입니다.

Es ist eine Ehre, Sie zu sehen.

에스 이스트 아이네 에-레 지 추 제엔

✿ 반갑습니다.
Freue mich sehr.
프로이에 미히 제어

Abschnitt ② 자신을 소개할 때

✿ 제 소개를 할까요?
Darf ich mich vorstellen?
다프 이히 미히 포어슈텔렌

✿ 제 소개를 해도 될까요?
Darf ich mich vorstellen?
다프 이히 미히 포어슈텔렌?

✿ 처음 뵙겠습니다. 김민호입니다.
Ich freue mich, Sie zu sehen. Ich bin Min Ho Kim.
이히 프로이에 미히, 지 추 제엔. 이히 빈 민호 킴.

✿ 저는 부모님과 함께 살고 있습니다.
Ich wohne bei meinen Eltern.
이히 보-네 바이 마이넨 엘턴

✿ 전 장남입니다.
Ich bin der älteste Sohn.
이히 빈 데어 엘테스테 조-온

✿ 전 맏딸입니다.
Ich bin die älteste Tochter.
이히 빈 디 엘테스테 토흐터

✿ 전 독신(미혼)입니다.
Ich bin ledig.
이히 빈 레디히

✿ 두 분이 서로 인사 나누셨습니까?
Haben Sie sich begrüßt?
하벤 지 지히 베그뤼쓰트

✿ 김 씨, 밀러 씨하고 인사 나누세요.
Herr Kim, dies ist Herr Müller.
헤어 킴, 디스 이스트 헤어 밀러

✿ 이쪽은 제 동료인 토마스 씨입니다.
Dies ist mein Kollege Herr Thomas.
디스 이스트 마인 콜레게 헤어 토마스

✿ 제 친구 존슨 씨를 소개해도 되겠습니까?
Darf ich meinen Freund Herr Johnson vorstellen?
다프 이히 마이넨 프로인트 헤어 존슨 포어슈텔렌?

✿ 존슨 씨께서 당신에 대해 자주 말씀하셨습니다.
Herr Johnson hat oft von Ihnen gesprochen.
헤어 존슨 하트 오프트 폰 이-넨 게슈프로헨

✿ 오래전부터 한번 찾아뵙고 싶었습니다.
Schon seit langem wollte ich mal Sie besuchen.
숀 자이트 랑엠 뷜테 이히 말 지 베숙흔

✿ 전에 한번 뵌 적이 있는 것 같습니다.
Wahrscheinlich habe ich Sie einmal gesehen.
봐샤인리히 하베 이히 지 아인말 게제엔

✿ 저 사람이 바로 당신이 말하던 그 사람입니까?
Ist das der[die] von dem[der] Sie gesprochen haben?
이스트 다스 데어[디] 폰 뎀[데어] 지 게슈프로헨 하벤

<table>
<tr><td>Abschnitt 4</td><td>그 밖에 소개에 관한 표현</td></tr>
</table>

❋ 서로 좋은 친구가 되었으면 합니다.

Ich möchte mit Ihnen gute Freunde werden.

이히 묙히테 밑 이-넨 구테 프로인데 뷔어덴

❋ 말씀 많이 들었습니다.

Ich habe von Ihnen viel gehört.

이히 하베 폰 이-넨 퓔 게훼어트

❋ 만나 뵙고 싶었습니다.

Ich wollte Sie sehen

이히 뷜테 지 제엔

❋ 이건 제 명함입니다.

Dies ist meine Namenskarte.

디스 이스트 마이네 나멘스카르테

❋ 명함 한 장 주시겠어요?

Kann ich Ihre Namenskarte haben?

칸 이히 이-레 나멘스카르테 하벤

❋ 만나서 매우 반가웠습니다.

Freut mich, Sie zu sehen.

프로이트 미히 지 추 제엔

❋ 어디서 오셨습니까(고향이 어디십니까)?

Woher kommen Sie?(Wo ist Ihre Heimat?)

보헤어 컴멘 지 (보 이스트 이-레 하이맡)

❋ 국적이 어디시죠(어느 나라 분이십니까)?

Woher kommen Sie?(Aus welchem Land kommen Sie?)

보헤어 컴멘 지/아우스 뷀헴 란트 컴멘 지

03 헤어질 때의 인사

금방 돌아올 테니 기다려 달라고 할 때나 그날 다시 만날 때는 Ich komme gleich wieder.(금방 돌아오겠습니다.), Bis nachher.(그럼 이따 봐요.), 다음 주에 만나기로 약속한 경우에는 Aufwiedersehen! Bis nächsten Montag.(잘 가요, 다음 주 월요일에 다시 봐요.)라고 하며 nächsten Montag를 강하게 말합니다. 마지막으로 Mach's gut!(잘 지내!)를 덧붙이면 멋진 회화가 됩니다.

Abschnitt 1 밤에 헤어질 때

❋ 잘 자요!
Gute Nacht!
구테 나흐트

❋ 안녕히 주무세요!
Gute Nacht!
구테 나흐트

❋ 좋은 꿈꾸세요!
Schöne Träume!
쇠네 트로이메

Abschnitt 2 기본적인 작별 인사

❋ 안녕.
Tschüß!

츄쓰

⁕ 안녕히 가세요.
Kommen Sie gut nach Hause!
컴멘 지 굴 나흐 하우제

⁕ 다음에 뵙겠습니다.
Auf Wiedersehen!
아우프 뷔더제엔

⁕ 그럼, 이만.
Auf Wiedersehen!
아우프 뷔더제엔

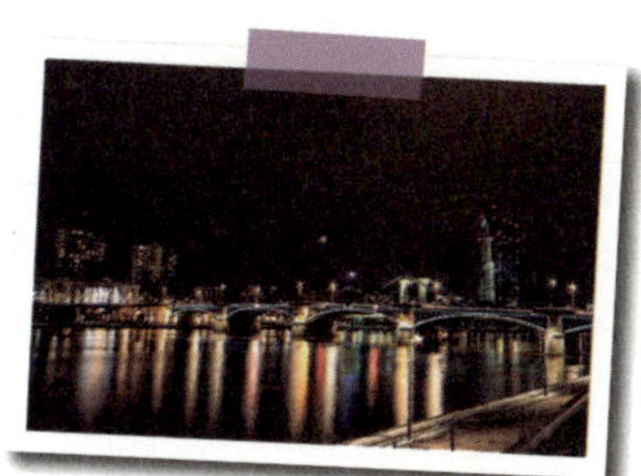

⁕ 또 봅시다!
Auf Wiedersehen!
아우프 뷔터제엔

⁕ 다음에 또 봅시다!
Bis zum nächsten Mal!
비스 춤 넥스텐 말

⁕ 그래요. 그럼 그때 뵙겠습니다.
Ja, bis dann!
야 비스 단

⁕ 재미있는 시간 보내세요.
Viel Spaß!
퓔 슈파-쓰

⁕ 안녕히 계세요(살펴 가세요).
Auf Wiedersehen!(Kommen Sie gut nach Hause!)
아우프 뷔더제엔 (컴멘 지 굿 나흐 하우제)

⁕ 잘 가세요(몸조심 하세요).
Auf Wiedersehen!(Bitte, bleiben Sie gesund)
아우프 뷔더제엔 (비테 블라이벤 지 게순트)

✿ 재미있게 보내!
Viel Spaß!
필 슈파쓰

✿ 즐겁게 보내게!
Viel Spaß!
필 슈파쓰

✿ 만나서 반가웠어요!
Es hat mich gefreut, Sie zu sehen!
에스 핱 미히 게프로이트 지 추 제엔

✿ 좀 더 자주 만날까요?
Sehen wir uns öfter?
제엔 뷔어 운스 욉프터

✿ 일찍 돌아오세요.
Kommen Sie bald zurück!
컴멘 지 발트 추륔

✿ 살펴 가세요!
Kommen Sie gut nach Hause!
컴멘 지 궅 나흐 하우제

✿ 그럼 거기서 봅시다.
Dann sehen wir uns dort!
단 제엔 뷔어 운스 도어트

✿ 좋아요, 그럼 그때 봐요.
Gut, bis dann!
궅 비스 단

✿ 조만간에 한번 만납시다.
Sehen wir uns bald!
제엔 뷔어 운스 발트

Abschnitt **3** 방문을 마칠 때

* 가 봐야겠어요.
Ich muss jetzt losgehen.
이히 무쓰 옛츠트 로스게엔

* 떠나려고 하니 아쉽습니다.
Es tut mir leid, sie zu verlassen.
에스 툩 미어 라잍 지 추 풰어라쎈

* 그럼, 저 가 볼게요.
Dann möchte ich gehen.
단 뫽히테 이히 게엔

* 가 봐야 할 것 같네요.
Leider muss ich gehen.
라이더 무쓰 이히 게엔

* 이제 일어서는 게 좋을 것 같네요.
Es wäre besser, jetzt aufzustehen.
에스 뷔레 베써 옛츠트 아우프추슈테엔

* 너무 늦은 것 같군요.
Es scheint zu spät zu sein.
에스 샤인트 추 슈페트 추 자인

* 이제 가 봐야겠습니다.
Jetzt muss ich losgehen.
옛츠트 무쓰 이히 로스게엔

* 미안하지만, 제가 좀 급합니다.
Leider habe ich es etwas eilig.
라이다 하베 이히 에스 에트봐스 아일리히

✿ 아, 벌써 아홉 시입니까? 가 봐야겠네요.
Ach, ist es schon neun Uhr? Ich muss gehen.
아흐 이스트 에스 숀 노인 우어 이히 무쓰 게엔

✿ 미안하지만, 이제 일어서야 할 것 같아요.
Leider muss ich jetzt aufstehen.
라이다 무쓰 이히 옛츠트 아우프슈테엔

✿ 정말로 식사 잘 했습니다.
Ich habe sehr gut gegessen.
이히 하베 제어 굳 게게쎈

✿ 오늘 저녁 정말 즐거웠습니다.
Ich habe heute Abend eine schöne Zeit gehabt.
이히 하베 호이테 아벤트 아이네 쇠네 차이트 게합트

✿ 멋진 파티 정말 고맙게 생각해요.
Ich danke sehr für die schöne Party.
이히 당케 제어 퓌어 디 쇄네 파티

✿ 그럼, 다음에 뵐게요. 안녕히 계세요.
Dann, Auf Wiedersehen!
단 아우프 뷔더제엔

✿ 방문해 주셔서 고맙습니다.
Vielen Dank für Ihren Besuch.
필렌 당크 퓌어 이-렌 베수흐

✿ 좀 더 계시다 가시면 안 돼요?
Können Sie nicht noch länger bleiben?
쾬넨 지 니히트 노흐 렝어 블라이벤

✱ 지금 가신다는 말입니까?

Müssen Sie jetzt gehen?

뮈쎈 지 옛츠트 게엔

✱ 저녁 드시고 가시지 않으시겠어요?

Können Sie nicht nach dem Abendessen gehen?

쾬넨 지 니히트 나흐 뎀 아벤트에쎈 게엔

✱ 오늘 밤 재미있었어요?

Haben Sie heute Abend eine gute Zeit gehabt?

하벤 지 호이테 아벤트 아이네 구테 차이트 게합트

✱ 오늘 즐거우셨어요?

Haben Sie heute eine gute Zeit gehabt?

하벤 지 호이테 아이네 구테 차이트 게합트

✱ 다시 만날 수 있을까요?

Können wir uns mal wiedersehen?

쾬넨 뷔어 운스 말 뷔더제엔

✱ 또 오세요.

Kommen Sie wieder!

컴멘 지 뷔더

✱ 제가 (자동차로) 바래다 드릴까요?

Darf ich Sie im Auto mitnehmen?

다프 이히 지 임 아우토 밑네-멘

✱ 가끔 전화 주세요.

Bitte rufen Sie mich bei Gelegenheit an!

비테 루펜 지 미히 바이 겔레겐하이트 안

✱ 거기에 도착하시는 대로 저한테 전화 주세요.

Bitte rufen Sie mich sofort nach der Ankunft an!

비테 루펜 지 미히 소포어트 나흐 데어 안쿤프트 안

✿ 당신 아내에게 안부 좀 전해 주세요.
Bitte grüßen Sie Ihre Frau von mir!
비테 그뤼쎈 지 이-레 프라우 폰 미어

✿ 당신 가족에게 제 안부 좀 전해 주세요.
Bitte grüßen Sie Ihre Familie von mir!
비테 그뤼쎈 지 이-레 퐈밀리에 폰 미어

✿ 아무쪼록 가족들에게 안부 부탁합니다.
Bitte grüßen Sie Ihre Familie von mir!
비테 그뤼쎈 지 이-리 퐈밀리에 폰 미어

✿ 잘 다녀오세요. 멋진 여행이 되길 바랍니다.
Ich wünsche Ihnen eine schöne Reise.
이히 뷘셰 이넨 아이네 쉐네 라이제

✿ 안녕히. 재미있게 지내세요.
Auf Wiedersehen! Bitte haben Sie eine schöne Zeit!
아우프 비더제엔 비테 하벤 지 아이네 쉐네 차이트

✿ 즐거운 여행이 되길.
Schöne Reise!
쉐네 라이제

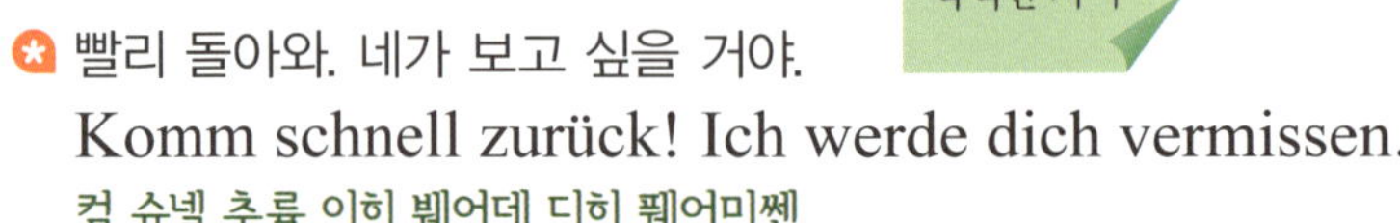

✿ 빨리 돌아와. 네가 보고 싶을 거야.
Komm schnell zurück! Ich werde dich vermissen.
컴 슈넬 추륵 이히 붸어데 디히 풰어미쎈

Teil 2

세련된 교제를 위한 표현

외국인과 세련되고 예의 바른 교제를 원한다면 이 장에서 소개
되는 감사, 사죄, 방문 등의 표현을 잘 익혀 두어야 합니다. 방문
은 상대방과의 경계를 누그러뜨리고, 서로의 교제를 깊게 하는
데 큰 역할을 합니다. 상대방에게 친밀감을 느낄 수 있는 경우는
많이 있겠지만, 방문은 친밀감을 느낄 수 있는 가장 자연스러운
계기가 될 수 있습니다.

'~해 줘서 고마워요'라고 감사의 내용을 전할 경우에는 Ich danke Ihnen für ~를 사용하면 편리합니다. 예를 다음과 같이 사용합니다. Ich danke Ihnen für Ihre Hilfe.(도와줘서 고마워요.) Ich danke Ihnen für die Einladung.(초대해 줘서 고마워요.) 감사의 말을 들었을 때 응답으로는 Bitte schön.이 있지만, Nichts zu danken. 등도 기억해 둡시다.

Abschnitt 1 기본적인 감사의 표현

✺ 감사합니다.
Danke schön.
당케 쇤

✺ 대단히 감사합니다.
Vielen dank.
필렌 당크

✺ 진심으로 감사드립니다.
Ich danke Ihnen herzlich.
이히 당케 이넨 헤어츨리히

✺ 여러모로 감사드립니다.
Ich danke Ihnen vielmals.
이히 당케 이넨 필말스

✺ 어떻게 감사를 드려야 할지 모르겠어요.
Ich weiß nicht, wie ich Ihnen danken soll.
이히 봐이쓰 니히트 뷔 이히 이넨 당켄 졸

✿ 얼마나 감사한지 모르겠어요.
Ich weiß nicht, wie ich Ihnen danken soll.
이히 봐이쓰 니히트 뷔 이히 이넨 당켄 졸

✿ 어쨌든 감사합니다.
Danke schön auf jeden Fall.
당케 쉔 아우프 예덴 퐐

✿ 큰 도움이 되었어요.
Es war mir sehr behilflich.
에스 봐 미어 제어 베힐플리히

✿ 정말 감사드립니다.
Danke sehr.
당케 제어

✿ 김 씨, 제가 큰 은혜를 입었습니다.
Herr Kim, ich bin Ihnen etwas schuldig(sehr dankbar).
헤어 킴 이히 빈 이넨 에트봐스 슐디히(제어 당크바)

✿ 고맙습니다.
Danke schön.
당케 쉔

✿ 조언을 해 줘서 감사합니다.
Ich danke Ihnen für Ihre Ratschläge.
이히 당케 이넨 뷔어 이-레 라트슐레게

✿ 도와줘서 감사드립니다.
Ich danke Ihnen für Ihre Hilfe.
이히 당케 이넨 뷔어 이-레 힐풰

✱ 태워다 주셔서 감사합니다.
Ich danke Ihnen fürs Mitnehmen.
이히 당케 이넨 퓌어스 미트네-멘

✱ 도와줘서 감사합니다.
Ich danke Ihnen für Ihre Hilfe.
이히 당케 이넨 퓌어 이-레 힐풰

✱ 그렇게 말씀해 주시니 고맙습니다.
Ich danke Ihnen für Ihre Worte.
이히 당케 이넨 퓌어 이-레 보르테

✱ 고맙습니다, 그거 좋지요.
Danke schön. Es ist sehr gut.
당케 쉔 에스 이스트 제어 굳

✱ 환대에 감사드립니다.
Ich danke Ihnen für Ihre Gastfreundschaft.
이히 당케 이넨 퓌어 이-레 가스트프로인트샤프트

✱ 친절을 베풀어 주셔서 감사합니다.
Ich danke Ihnen für Ihre Freundlichkeit.
이히 당케 이넨 퓌어 이-레 프로인틀리히카이트

✱ 여러모로 고려해 주셔서 정말 고맙게 생각합니다.
Ich danke Ihnen sehr für Ihre Nachsicht.
이히 당케 이넨 제어 퓌어 이-레 낙흐직히트

✱ 보답해 드릴 수 있었으면 좋겠어요.
Ich möchte Sie belohnen.
이히 뫽히테 지 벨로-넨

✿ 덕분에 저녁 시간 재미있었습니다.
Danke Ihnen, Ich habe einen schönen Abend gehabt.
당케 이넨 이히 하베 아이넨 쇠넨 아벤트 게합트

✿ 동반해 주셔서 즐겁습니다.
Ich freue mich, dass Sie mich begleiten.
이히 프로이에 미히 다쓰 지 미히 베글라이텐

✿ 당신 덕분에 오늘 정말 재미있게 보냈습니다.
Ich danke Ihnen für diesen schönen Tag.
이히 당케 이넨 퓌어 디-젠 쇠넨 탁

✿ 저희와 함께 시간을 보내 주셔서 감사합니다.
Wir danken Ihnen für Ihre zeit bei uns.
뷔어 당켄 이넨 퓌어 이-레 차이트 바이 운스

✿ 걱정해 주셔서 고맙습니다.
Ich danke Ihnen für Ihre Sorge.
이히 당케 이넨 퓌어 이-레 조어게

Abschnitt 4 감사의 선물을 줄 때

✿ 자, 선물 받으세요.
Hier, bitte nehmen Sie mein Geschenk.
히어 비테 네-멘 지 마인 게솅크

✿ 당신에게 드리려고 뭘 사왔어요.
Ich habe Ihnen etwas mitgebracht.
이히 하베 이넨 에트봐스 밑게브락흐트

✿ 당신에게 줄 조그만 선물입니다.
Das ist ein kleines Geschenk für Sie.
다스 이스트 아인 클라이네스 게솅크 퓌어 지

✱ 이 선물은 제가 직접 만든 거예요.
Dieses Geschenk habe ich selber gemacht.
디-제스 게솅크 하베 이히 젤버 게마흐트

✱ 대단치 않지만 마음에 들었으면 합니다.
Eine Kleinigkeit, hoffentlich gefällt's Ihnen.
아이네 클라이니히카이트 호펜틀리히 게휄츠 이넨

✱ 보잘것없는 것이지만 받아 주십시오.
Eine Kleinigkeit, nehmen Sie bitte.
아이네 클라이니히카이트 네-멘 지 비테

Abschnitt 5 감사의 선물을 받을 때 

✱ 이건 바로 제가 갖고 싶었던 거예요.
Dies ist was ich mir gewünscht habe.
디스 이스트 봐스 이히 미어 게뷘쉬트 하베

✱ 당신은 정말 사려가 깊으시군요!
Es ist sehr nett von Ihnen.
에스 이스트 제어 네트 폰 이넨

✱ 무엇 때문이죠?
Wofür?
보퓌어

✱ 훌륭한 선물을 주셔서 대단히 고맙습니다.
Vielen Dank für das schöne Geschenk.
퓔렌 당크 퓌어 다스 쉐네 게솅크

* 천만에요.
Bitte!
비테

* 천만에요. (강조)
Bitte sehr!
비테 제어

* 원 별말씀을요(천만의 말씀입니다).
Keine Ursache!
카이네 우어작헤

* 그렇게 말씀해 주시니 고맙습니다.
Ich danke Ihnen für Ihre Worte.
이히 당케 이넨 퓌어 이-레 보어테

* 거듭 감사드립니다.
Ich danke Ihnen vielmals.
이히 당케 이-넨 필말스

* 정말 즐거웠습니다.
Es freute mich sehr.
에스 프로이테 미히 제어

* 대단한 일도 아닙니다(별것 아닙니다).
Das ist nichts Besonderes.
다스 이스트 니히츠 베존더레스

* 그것은 아무것도 아닙니다.
Das macht nichts.
다스 마흐트 니히츠

✱ 나한테 감사할 것까지는 없습니다.

Nichts zu danken.
니히츠 추 당켄

✱ 이젠 괜찮습니다. 고맙습니다.

Es geht jetzt. Danke sehr.
에스 게-트 옛츠트 당케 제어

✱ 맛있게 드셨다니 다행입니다.

Gut, dass es Ihnen geschmeckt hat.
굴 다쓰 에스 이넨 게슈멕트 하트

✱ 수고랄 게 있나요. 제가 좋아서 한 건데요.

Nichts zu danken. Es war mir ein großes Vergnügen.
니히츠 추 당켄 에스 봐 미어 아인 그로쎄스 풰어그뉘겐

✱ 도움이 될 수 있어서 기쁩니다.

Gut, dass es Ihnen eine Hilfe sein konnte.
굴 다쓰 에스 이넨 아이네 힐풰 자인 콘테

✱ 너무 대단한 일로 생각하지 마세요.

Es ist keine große Sache.
에스 이스트 카이네 그로쎄 삭헤

✱ 당신에게 신세를 많이 졌습니다.

Ich bin Ihnen zu Dank verpflichtet.
이히 빈 이넨 추 당크 풰어플릭히테트

Kapitel 02 사죄 · 사과를 할 때

약속 시간에 늦을 경우에는 Entschuldigung für die Verspätung(늦어서 미안해.)라고 합니다. Entschuldigung (미안해요.)를 자주 쓰는 서양인도 일단 책임 문제라든가 돈에 관련된 트러블이 일어나면 결코 사죄를 하지 않는 것이 보통입니다. 만약 당신이 이런 경우에 처해서 Verzeihung이라고 하면 모든 책임은 당신에게 있는 꼴이 되어 버립니다. 함부로 말하면 안 되는 말입니다.

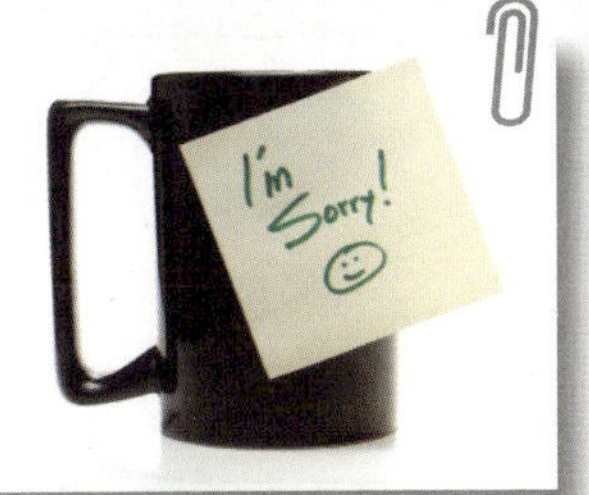

Abschnitt 1 사과 · 사죄를 나타낼 때

❋ 실례합니다(미안합니다).
Entschuldigung. / Verzeihung.
엔트슐디궁 / 풰어차이웅

❋ 실례했습니다. 사람을 잘못 봤습니다.
Entschuldigung. Ich habe mich geirrt.
엔트슐디궁 이히 하베 미히 게이어트

❋ 미안합니다.
Entschuldigung.
엔트슐디궁

❋ 정말 죄송합니다.
Entschuldigen Sie bitte.
엔트슐디겐 지 비테

❋ 당신에게 사과드립니다.
Ich bitte Sie um Entschuldigung.
이히 비테 지 움 엔트슐디궁

✿ 여러 가지로 죄송합니다.

Ich entschuldige mich bei Ihnen für alles.

이히 엔트슐디게 미히 바이 이넨 퓌어 알레스

Abschnitt   2   행위에 대한 사과 · 사죄를 할 때

✿ 늦어서 미안합니다.

Entschuldigung für meine Verspätung.

엔트슐디궁 퓌어 마이네 퓌어슈페퉁

✿ 그 일에 대해서 미안하게 생각하고 있습니다.

Es tut mir wirklich leid.

에스 투트 미어 뷔어클리히 라이트

✿ 얼마나 죄송한지 모르겠습니다.

Ich wollte Ihnen nur sagen, wie Leid mir das tut.

이히 뷜테 이넨 누어 자겐 뷔 라이트 미어 다스 투트

✿ 그 점에 대해서 미안합니다.

Ich entschuldige mich dafür.

이히 엔트슐디게 미히 다퓌어

✿ 귀찮게 해서 미안합니다.

Entschuldigung für die Störung.

엔트슐디궁 퓌어 디 슈퇴룽

✿ 오래 기다리게 해서 미안합니다.

Entschuldigung, dass ich Sie so lange warten ließ.

엔트슐디궁 다쓰 이히 지 조 랑에 봐-텐 리쓰

✿ 답장이 늦어서 죄송합니다.

Entschuldigung für die späte Antwort.

엔트슐디궁 퓌어 디 슈페테 안트보어트

✱ 시간을 너무 많이 빼앗아 죄송합니다.

Entschuldigung, dass ich zu viel Ihrer Zeit verschwende.
엔트슐디궁 다쓰 이히 추 필 이-러 차이트 퓌어슈벤데

✱ 기분을 상하게 했다면 죄송합니다.

Ich entschuldige mich, wenn ich unhöflich gewesen sein sollte.
이히 엔트슐디게 미히 벤 이히 운회플리히 게뵈젠 자인 졸테

✱ 폐를 끼쳐서 죄송합니다.

Entschuldigung für die Unannehmlichkeiten.
엔트슐디궁 퓌어 디 운안넴리히카이텐

Abschnitt	3	실수를 범했을 때

✱ 실수에 대해 사과드립니다.

Ich entschuldige mich für den Fehler.
이히 엔트슐디게 미히 퓌어 덴 뮐러

✱ 미안해요, 어쩔 수가 없었어요.

Entschuldigung, aber ich konnte dazu nichts machen.
엔트슐디궁 아바 이히 콘테 다추 니히츠 막헨

✱ 그럴 생각은 추호도 없었습니다(고의가 아닙니다).

Das war nicht meine Absicht.
다스 봐 니히트 마이네 압지히트

✱ 단지 제 탓이죠.

Es ist nur meine Schuld.
에스 이스트 누어 마이네 슐트

✱ 미안합니다, 제가 날짜를 혼동했군요.

Entschuldigung, ich habe mich im Datum geirrt.
엔트슐디궁 이히 하베 미히 임 다툼 게이어트

* 내가 말을 잘못했습니다.
Ich habe mich versprochen.
이히 하베 미히 퓌어슈프로헨

* 그건 제 잘못이 아니에요.
Es ist nicht meine Schuld.
에스 이스트 니히트 마이네 슐트

* 내 잘못이었어요.
Es war meine Schuld.
에스 봐 마이네 슐트

* 그건 제가 생각이 부족했기 때문이에요.
Das ist, weil ich nicht so viel nachgedacht habe.
다스 이스트 봐일 이히 니히트 조 필 낙흐게닥흐트 하베

* 제 부주의였습니다.
Das war mein Fehler.
다스 봐 마인 퓔러

* 당신 잘못이 아닙니다.
Das war nicht Ihre Schuld.
다스 봐 니히트 이-레 슐트

* 용서해 주십시오.
Entschuldigen Sie bitte.
엔트슐디겐 지 비테

* 용서해 주세요.
Entschuldigen Sie bitte.
엔트슐디겐 지 비테

✿ 저의 사과를 받아 주세요.
Bitte nehmen Sie meine Entschuldigung an.
비테 네-멘 지 마이네 엔트슐디궁 안

✿ 다시는 그런 일이 없을 겁니다.
Das wird nie wieder passieren.
다스 뷔어트 니 뷔터 파씨-렌

✿ 늦어서 죄송합니다.
Entschuldigung für meine Verspätung.
엔트슐디궁 퓌어 마이네 풰어슈페퉁

✿ 부디 한번 봐 주십시오.
Bitte geben Sie mir noch eine Chance.
비테 게벤 지 미어 노흐 아이네 샹쩨

✿ 한번만 기회를 주세요.
Geben Sie mir noch eine Chance.
게벤 지 미어 노흐 아이네 샹쩨

✿ 제가 한 일을 용서해 주십시오.
Bitte entschuldigen Sie meinen Fehler.
비테 엔트슐디겐 지 마이넨 풸러

✿ 약속을 지키지 못한 걸 용서해 주세요.
Bitte entschuldigen Sie, dass ich das Versprechen gebrochen habe.
비테 엔트슐디겐 지 다쓰 이히 다스 풰어슈프렉헨 게브록흔 하베

✿ 괜찮습니다.
Kein Problem.
카인 프로블렘

✿ 문제될 것 없어요.
Kein Problem.
카인 프로블렘

✿ 걱정하지 마세요.
Machen Sie sich keine Sorgen.
막헨 지 지히 카이네 조어겐

✿ 그까짓 것 문제될 것 없습니다.
Das ist doch Kein Problem.
다스 이스트 도흐 카인 프로블렘

✿ 뭘요, 괜찮습니다(힘들지 않아요).
Naja, es ist schon okay.
나야 에스 이스트 숀 오케이

✿ 당신을 용서하겠어요.
Ich verzeihe Ihnen.
이히 풰어차이에 이넨

✿ 좋아요. 받아들이죠.
Gut. Entschuldigung angenommen.
굳 엔트슐디궁 안게놈멘

✿ 당신 잘못이 아닙니다.
Das war nicht Ihre Schuld.
다스 봐 니히트 이-레 슐트

Kapitel 03 축하와 환영을 할 때

'축하합니다'의 뜻을 일반적인 표현은 herzlichen Glückwunsch!입니다. 결혼식에 초대받았을 경우 축하한다고 말할 수도 있지만 신부에게 Du siehst schön aus(아름다워요!)라고 말할 수도 있습니다. 보통 herzlichen Glückwunsch!에 대한 응답은 Danke schön.라고 하면 됩니다.

Abschnitt 1 축하할 때

❈ 해냈군요! 축하합니다.

Sie haben es geschafft! Herzlichen Glückwunsch.

지 하벤 에스 게샤프트 헤어츨릭헨 글뤽분쉬

❈ 승진을 축하합니다!

Ich gratuliere Ihnen zu Ihrer Beförderung!

이히 그라툴리-레 이넨 추 이-러 베푀어더룽

❈ 생일을 축하합니다!

Alles Gute zum Geburtstag!

알레스 구테 춤 게부어츠탁

❈ 놀랐지? 생일 축하해!

Überrascht? Alles Gute zum Geburtstag!

위버라슈트 알레스 구테 춤 게부어츠탁

❈ 결혼을 축하합니다!

Meine besten Wünsche zur Hochzeit.

마이네 베스텐 뷘셰 추어 호흐차이트

✱ 우리 기념일을 축하해.
Glückwünsche zu unserem Jahrestag!
글뤽뷘셰 추 운저렘 야레스탁

✱ 그 행운의 여성은 누구예요?
Wer ist die Glückliche?
붸어 이스트 디 글뤽글릭혜

✱ 두 분이 행복하시길 빕니다!
Ich wünsche Ihnen beiden alles Gute!
이히 뷘셰 이넨 바이덴 알레스 구테

✱ 부인이 임신하셨다고 들었어요. 축하해요.
Ich habe gehört, dass Ihre Frau schwanger ist. Herzlichen Glückwunsch.
이히 하베 게회어트 다쓰 이-레 프라우 슈방어 이스트 헤어츨릭헨 글뤽분쉬

✱ 출산을 축하합니다!
Herzlichen Glückwunsch zur Geburt Ihres Kindes!
헤어츨릭헨 글뤽분쉬 추어 게부어트 이-레스 킨데스

✱ 아주 기쁘시겠어요, 그쵸?
Sie sind sehr zufrieden, nicht wahr?
지 진트 제어 추프리덴 니히트 바

✱ 승리를 축하합니다!
Herzlichen Glückwunsch zum Sieg!
헤어츨릭헨 글뤽분쉬 춤 지-그

✱ 축하합니다! 선물입니다.
Herzlichen Glückwunsch! Das ist mein Geschenk!
헤어츨릭헨 글뤽분쉬 다스 이스트 마인 게셴크

✿ 우리의 승리를 자축합시다!
Lass uns unseren Sieg feiern!
라쓰 운스 운저렌 지-그 퐈이언

✿ 성공을 축하드립니다!
Herzlichen Glückwunsch zu Ihrem Erfolg!
헤어츨릭헨 글뤽분쉬 주 이-렘 에어폴크

✿ 어떻게 해내셨어요?
Wie konnten Sie das schaffen?
뷔 콘텐 지 다스 샤풴

✿ 잘했어요!
Gut gemacht!
굳 게막흐트

Abschnitt **2** 축복을 기원할 때

✿ 새해 복 많이 받으세요!
Frohes neues Jahr!
프로에스 노이에스 야

✿ 새해에는 모든 행운이 깃들기를!
Viel Glück für das neue Jahr!
퓔 글뤽 퓨어 다스 노이에 야

✿ 더 나은 해가 되길 바랍니다.
Ich hoffe, Sie werden ein besseres Jahr haben
이히 홉풰 지 붸어던 아인 베쩌레스 야 하벤

✿ 당신에게 신의 축복이 있기를!
Gott segne Sie!
곧 세그네 지

⁕ 모든 일이 잘되기를 바라요.
Ich hoffe, alles wird gut.
이히 홉풰 알레스 뷔어드 굍

⁕ 잘되길 바랍니다.
Ich hoffe, alles wird gut.
이히 홉풰 알레스 뷔어트 굍

⁕ 즐거운 크리스마스 보내세요!
Frohe Weihnachten!
프로에 봐이낙흐텐

⁕ 즐거운 명절 되세요!
Frohe Festtage!
프로에 풰스트타게

⁕ 즐거운 밸런타인데이예요!
Fröhlichen Valentinstag!
프뢸릭현 봘렌틴스탁

⁕ 행복하길 빌겠습니다.
Ich wünsche Ihnen ein glückliches Leben.
이히 뷘셰 이넨 아인 글뤽글릭헤스 레벤

⁕ 성공을 빕니다!
Viel Erfolg!
퓔 에어폴크

⁕ 행운을 빌게요.
Viel Glück.
퓔 글뤽

✿ 정말 환영합니다.
Sie sind herzlich willkommen.
지 진트 헤어츨리히 빌컴멘

✿ 같이 일하게 되어 반갑습니다.
Schön, mit Ihnen zu arbeiten.
쉔 밑 이넨 추 아르바이텐

✿ 저의 집에 오신 것을 환영합니다.
Willkommen in meinem Haus.
빌컴멘 인 마이넴 하우스

✿ 한국에 오신 것을 환영합니다.
Willkommen in Korea.
빌컴멘 인 코레아

✿ 이곳이 마음에 들기를 바랍니다.
Ich hoffe, es gefällt Ihnen hier gut.
이히 홉풰 에스 게풸트 이넨 히어 굳

✿ 당신과 함께 일하길 고대하고 있습니다.
Ich freue mich auf unsere Zusammenarbeit.
이히 프로이에 미히 아우프 운저레 추잠멘아르바이트

✿ 안녕하세요, 김 씨. 입사를 축하합니다.
Hallo, Herr Kim. Herzlichen Glückwunsch, dass Sie diese Stelle bekommen haben.
할로 헤어 킴 헤어츨릭헨 글릭분쉬 다쓰 지 디제 슈텔레 베컴멘 하벤

✿ 그에게 큰 박수를 부탁드립니다.
Ich bitte um einen Applaus für ihn.
이히 비테 움 아이넨 아플라우스 퓌어 인

상대를 초대하고 싶은 때는 Haben Sie einen Plan am kommenden Wochenende?(이번 주말은 무슨 계획이 있으세요?)라고 하면 됩니다. Warum besuchen Sie mich nicht zu einer Tasse Tee?(차라도 한 잔 마시러 오시지 않겠습니까?)라고 차 대접을 할 때도 있습니다. 그럴 때는 Ich werde für Sie einen Kuchen backen.(당신을 위해 케이크를 만들게요.)라고 덧붙인다면, 이것만으로도 훌륭한 티파티가 됩니다.

Abschnitt 1 초대할 때

✱ 오늘 저녁에 시간이 있나요?

Haben Sie heute Abend Zeit?

하벤 지 호이테 아벤트 차이트

✱ 오늘 밤에 할 일이 있으십니까?

Haben Sie Pläne für heute Nacht?

하벤 지 플레네 퓌어 호이테 나흐트

✱ 이번 토요일에 무엇을 하실 건가요?

Was machen Sie diesen Samstag?

봐스 막헨 지 디젠 잠스탁

✱ 저녁 식사하러 우리 집에 오실래요?

Wollen Sie zum Abendessen vorbeikommen?

빌렌 지 춤 아벤트에쎈 포바이컴멘

✱ 제 생일파티에 오시는 게 어때요?

Warum kommen Sie nicht zu meiner Geburtstagparty?

봐룸 컴멘 지 니히트 추 마이너 게부어츠탁파티

✿ 파티에 오시지 그러세요?

Warum kommen Sie nicht zur Party?

봐룸 컴멘 지 니히트 추어 파티

✿ 좋은 생각이에요.

Gute Idee.

구테 이데

✿ 기꺼이 그렇게 하겠습니다.

Das mache ich gerne.

다스 막헤 이히 게어네

✿ 그거 아주 좋겠는데요.

Das wäre schön.

다스 뵈레 쉔

✿ 멋진데요.

Schön.

쉔

✿ 저는 좋습니다.

Von mir aus.

폰 미어 아우스

✿ 고맙습니다, 그러죠.

Danke, das mache ich.

당케 다스 막헤 이히

✿ 초대해 주셔서 감사합니다.

Danke für Ihre Einladung.

당케 퓌어 이-레 아인라둥

❋ 죄송하지만, 그럴 수 없습니다.

Es tut mir leid, aber ich kann das nicht schaffen.

에스 투트 미어 라이트 아바 이히 칸 다스 니히트 샤풴

> Es tut mir leid는 기본적으로 화자가 자신에게 잘못/책임이 없다고 생각할 때 쓰는 표현

❋ 죄송하지만, 그럴 수 없을 것 같군요.

Es tut mir leid, aber ich werde das nicht schaffen.

에스 투트 미어 라이트 아바 이히 붸어데 다스 니히트 샤풴

❋ 죄송하지만, 해야 할 일이 있습니다.

Es tut mir leid, aber ich habe da etwas zu erledigen.

에스 투트 미어 라이트 아바 이히 하베 다 에트봐스 추 에얼레디겐

❋ 유감스럽지만 안 될 것 같군요.

Es tut mir leid, aber es geht leider nicht.

에스 투트 미어 라이트 아바 에스 게-트 라이다 니히트

❋ 그럴 수 있다면 좋겠군요.

Ich hoffe, es geht.

이히 홉풰 에스 게-트

❋ 그러고 싶지만 오늘 밤은 이미 계획이 있습니다.

Ich würde gerne, aber ich habe heute Abend schon Pläne.

이히 뷔어데 게어네 아바 이히 하베 호이테 아벤트 숀 플레-네

❋ 오늘 저녁은 안 되겠습니다.

Heute Abend geht es leider nicht.

호이테 아벤트 게-트 에스 라이다 니히트

Kapitel **05** 방문을 할 때

방문객을 집의 현관에서 맞이할 경우에는 우선 Schön, dass Sie gekommen sind.(잘 오셨습니다.)라고 인사를 합니다. 그리고 신발을 현관에 벗게 하고 Bitte ziehen Sie diese Pantoffeln an.(슬리퍼를 신으십시오.)라고 권합니다. In diese Richtung, bitte.(이쪽으로 오십시오.)라고 거 실로 안내를 하면 됩니다. 참고로 거실에 있는 소파를 Sofa라고 합니다.

Abschnitt **1** 손님을 맞이할 때

✱ 초대해 주셔서 기쁩니다.
Ich habe mich über Ihre Einladung gefreut.
이히 하베 미히 위버 이-레 아인라둥 게프로이트

✱ 어서 들어오십시오.
Kommen Sie herein.
컴멘 지 헤라인

✱ 이쪽으로 오시겠어요?
Wollen Sie bitte in diese Richtung kommen?
뷜렌 지 비테 인 디제 리히퉁 컴멘

✱ 멀리서 와 주셔서 감사합니다.
Danke, dass Sie den ganzen Weg hierher gekommen sind.
당케 다쓰 지 덴 간첸 벡 히어헤어 게컴멘 진트

✱ 여기 오시는 데 고생하지 않으셨어요?
Hatten Sie keine Schwierigkeiten, hierher zu finden?
하텐 지 카이네 슈뷔리히카이텐 히어헤어 추 퓐덴

✿ 여기 조그만 선물입니다.
Hier ist ein kleines Geschenk.
히어 이스트 아인 클라이네스 게솅크

✿ 편히 하세요.
Fühlen Sie sich bitte wie zu Hause.
퓔렌 시 시히 비테 뷔 추 하우제

✿ 집을 보여 드리겠습니다.
Ich zeige Ihnen unser Haus.
이히 차이게 이넨 운저 하우스

✿ 아주 멋진 집이군요.
Das ist ein schönes Haus.
다스 이스트 아인 쉐네스 하우스

✿ 뭐 좀 마시겠습니까?
Möchten Sie etwas trinken?
묔히텐 지 에트봐스 트링켄

✿ 저녁식사 준비가 되었습니다.
Das Abendessen ist vorbereitet.
다스 아벤트에쎈 이스트 포-베라이테트

✿ 드시고 싶은 것을 맘껏 드세요.
Bitte bedienen Sie sich.
비테 베디-넨 지 지히

✿ 어서 드십시오.
Bitte bedienen Sie sich.
비테 베디-넨 지 지히

✽ 좀 더 드시겠어요?
Möchten Sie noch etwas mehr?
뫼히텐 지 노흐 에트봐스 메어

✽ 훌륭한 저녁식사였습니다.
Das war ein wunderbares Abendessen.
다스 봐 아인 분더바레스 아벤트에쎈

<table><tr><td>Abschnitt</td><td>3</td><td>방문을 마칠 때</td></tr></table>

✽ 이제 그만 실례하겠습니다.
Es tut mir leid, aber ich muss jetzt gehen.
에스 투트 미어 라이트 아바 이히 무쓰 옛츠트 게엔

✽ 오, 늦었네요. 가 봐야겠어요.
Es ist spät. Ich muss jetzt gehen.
에스 이스트 슈페트 이히 무쓰 옛츠트 게엔

✽ 이만 돌아가 봐야겠어요.
Ich muss jetzt gehen.
이히 무쓰 옛츠트 게엔

✽ 아주 즐거웠습니다.
Es war sehr schön.
에스 봐 제어 쉔

✽ 또 오세요.
Bitte kommen Sie bald wieder.
비테 컴멘 지 발트 뷔더

✽ 다음에는 꼭 저희 집에 와 주세요.
Bitte kommen Sie das nächste Mal zu uns nach Hause.
비테 컴멘 지 다스 넥스테 말 추 운스 나흐 하우제

약속의 표현은 일상생활에서 가장 사용 빈도가 높은 실용적인 사항의 하나이므로 Wann wäre eine passende Zeit für Sie?(언제가 좋겠습니까?), Können Sie es schaffen?(괜찮겠습니까?) 등의 일정한 상용 표현을 익혀 두십시오. 약속을 할 때 시간과 장소는 상대방의 사정에 맞추는 것이 일반적입니다. 특히 날짜나 시간을 정확히 기억해 두고 잘못 들었을 경우도 있으므로 되물어 재차 확인해 두는 것이 좋습니다.

Abschnitt 1 약속을 청할 때

✿ 시간 좀 있어요?

Haben Sie Zeit?

하벤 지 차이트

✿ 잠깐 만날 수 있을까요?

Können wir uns kurz treffen?

퀸넨 뷔어 운스 쿠어츠 트레펜

✿ 내일 한번 만날까요?

Wollen wir uns morgen treffen?

뷜렌 뷔어 운스 모어겐 트레펜

✿ 언제 한번 만나요.

Wir werden uns mal treffen.

뷔어 붸어덴 운스 말 트레펜

✿ 이번 주말에 시간 있으세요?

Haben Sie Zeit am kommenden Wochenende?

하벤 지 차이트 암 컴멘덴 뷕흔엔데

☀ 내일 약속 있으세요?

Haben Sie morgen einen Termin?

하벤 지 모어겐 아이넨 테어민

Abschnitt 2 스케줄을 확인할 때

☀ 이번 주 스케줄을 확인해 보겠습니다.

Ich schau nur kurz im Terminkalender dieser Woche nach.

이히 샤우 누어 쿠어츠 임 테어민칼렌더 디저 복헤 나흐

☀ 다음 주쯤으로 약속할 수 있습니다.

Wir können den Termin in der nächsten Woche festmachen.

뷔어 쾬넨 덴 테어민 인 데어 넥스텐 뷕헤 풰스트막헨

☀ 그날은 약속이 없습니다.

An dem Tag habe ich keinen Termin.

안 뎀 탁 하베 이히 카이넨 테어민

☀ 오늘 오후는 한가합니다.

Heute Nachmittag bin ich frei.

호이테 나흐미탁 빈 이히 프라이

☀ 3시 이후 2시간 정도 시간이 있습니다.

Ab 15(fünfzehn) Uhr habe ich etwa 2(zwei) Stunden Zeit.

압 퓐프첸 우어 하베 이히 에트봐 초봐이 슈툰덴 차이트

❋ 왜 그러는데요?
Wofür?
보퓌어

❋ 무슨 일로 절 만나자는 거죠?
Aus welchem Anlass möchten Sie sich mit mir treffen?
아우스 뷀헴 안라쓰 묔히텐 지 지히 밑 미어 트레펜

❋ 좋아요, 시간 괜찮아요.
Gut, ich habe Zeit.
굳 이히 하베 차이트

❋ 이번 주말엔 별다른 계획이 없어.
Am kommenden Wochenende habe ich keine besonderen Pläne.
암 컴멘덴 뷕헨엔데 하베 이히 카이네 베존더렌 플레-네

❋ 미안해요, 제가 오늘 좀 바빠서요.
Es tut mir leid, aber ich bin heute ein bisschen beschäftigt.
에스 투트 미어 라이트 아바 이히 빈 호이테 아인 비쓰헨 베쉐프틱트

❋ 오늘 손님이 오기로 돼 있어요.
Wir erwarten heute Gäste.
뷔어 에어봐-텐 호이테 게스테

❋ 미안해요, 제가 오늘은 스케줄이 꽉 차 있어요.
Es tut mir leid, aber mein Terminkalender ist heute ganz voll.
에스 투트 미어 라이트 아바 마인 테어민칼렌다 이스트 호이테 간츠 뷀

❋ 몇 시에 만날까요?

Um wie viel Uhr wollen wir uns treffen?

움 뷔 퓔 우어 뷜렌 뷔어 운스 트레펜

❋ 언제 만나면 될까요?

Wann wollen wir uns treffen?

봔 뷜렌 뷔어 운스 트레펜

❋ 몇 시쯤에 시간이 납니까?

Um wie viel Uhr haben Sie Zeit?

움 뷔 퓔 우어 하벤 지 차이트

❋ 3시는 괜찮겠습니까?

Wie wäre es um 15(fünfzehn) Uhr?

뷔 뵈레 에스 움 퓐프첸 우어

❋ 어디서 만날까요?

Wo wollen wir uns treffen?

보 뷜렌 뷔어 운스 트레펜

❋ 만날 만한 곳이 어디 없을까요?

Gibt es einen idealen Treffplatz?

깁트 에스 아이넨 이데알렌 트레프플랏츠

❋ 한 시간만 뒤로 미룹시다.

Verschieben wir den Termin um eine Stunde.

풰어쉬벤 뷔어 덴 테어민 움 아이네 슈툰데

63

다음 기회로 미뤄도 될까요?
Können wir den Termin verschieben?
쾬넨 뷔어 덴 테어민 풰어쉬벤

약속을 취소해야겠어요.
Wir sollten unseren Termin absagen.
뷔어 졸텐 운저렌 테어민 압자겐

약속에 못 나갈 것 같아요.
Ich kann es leider nicht schaffen.
이히 칸 에스 라이다 니히트 샤펜

숫자

영	null	눌	이십	zwanzig	쯔반치히
하나	eins	아인스	삼십	dreißig	드라이지히
둘	zwei	쯔바이	사십	vierzig	피어지히
셋	drei	드라이	오십	fünfzig	퓐프지히
넷	vier	피어	육십	sechzig	쩨스지히
다섯	fünf	퓐프	칠십	siebzig	집지히
여섯	sechs	젝스	팔십	achtzig	아흐칙히
일곱	sieben	지벤	구십	neunzig	노인칙히
여덟	acht	아흐트	백	hundert	훈데르트
아홉	neun	노인	천	tausend	타우젠트
열	zehn	첸	만	zehntausend	첸타우젠트

Kapitel 07 식사를 제의할 때

음식을 먹기 전에 Das Essen ist so gut.(이 요리 맛있군요.), Das ist mein Lieblings.(이건 내가 좋아하는 것입니다.)라고 말한다면 무척 기뻐할 것입니다. 그리고 한 입 먹고 나서 Das ist echt gut!(이거 정말 맛있군요.)라고 말하고, Wie kann man ein leckeres Omelett kochen?(어떻게 하면 이렇게 맛있는 오믈렛을 만들 수 있습니까?) 등으로 요리 만드는 방법을 묻습니다.

Abschnitt 1 식사를 제의할 때

우리 점심 식사나 같이할까요?

Wollen wir zusammen zu Mittag essen?

빌렌 뷔어 추잠멘 추 미탁 에쎈

저녁 식사 같이하시겠어요?

Wollen Sie zusammen zu Abend essen?

빌렌 지 추잠멘 추 아벤트 에쎈

오늘 저녁에 외식하자.

Lass uns heute Abend essen gehen.

라쓰 운스 호이테 아벤트 에쎈 게엔

나가서 먹는 게 어때?

Wie wäre es, wenn wir essen gehen?

뷔 뵈레 에스 뷘 뷔어 에쎈 게엔

내일 저녁 식사 같이하러 가실까요?

Wollen wir morgen am Abend zusammen essen gehen?

빌렌 뷔어 모어겐 암 아벤트 추잠멘 에쎈 게엔

✿ 점심 식사하러 나갑시다.

Gehen wir zum Mittagessen.
게엔 뷔어 춤 미탁에쎈

✿ 뭐 좀 간단히 먹으러 나갑시다.

Gehen wir etwas Kleines essen.
게엔 뷔어 에트봐스 클라이네스 에쎈

✿ 언제 식사나 같이합시다.

Gehen wir mal bald essen.
게엔 뷔어 말 발트 에쎈

✿ 여기 들러서 뭐 좀 먹읍시다.

Machen wir hier kurz Halt und essen etwas.
막헨 뷔어 히어 쿠어츠 할트 운트 에쎈 에트봐스

✿ 언제 식사나 같이합시다.

Gehen wir mal bald essen.
게엔 뷔어 말 발트 에쎈

Abschnitt **2** 자신이 계산하려고 할 때

✿ 계산해 주세요.

Zahlen, bitte.
찰렌 비테

✿ 제가 낼게요.

Sie sind eingeladen.
지 진트 아인겔라덴

✿ 자 갑시다! 제가 살게요.

Gehen wir jetzt! Sie sind eingeladen.
게엔 뷔어 옛츠트 지 진트 아인겔라덴

✿ 제가 점심을 대접하겠습니다.
Ich möchte Sie zum Mittagessen einladen.
이히 뫽히테 지 춤 미탁에쎈 아인라덴

✿ 걱정 마. 내가 살게.
Mach dir keine Sorgen. Du bist eingeladen.
마흐 디어 카이네 조어겐 두 비스트 아인겔라덴

✿ 오늘 저녁을 제가 사겠습니다.
Ich möchte Sie zum Abendessen einladen.
이히 뫽히테 지 춤 아벤트에쎈 아인라덴

✿ 내가 초대했으니 내가 내야지.
Ich habe dich eingeladen, deswegen muss ich bezahlen.
이히 하베 디히 아인겔라덴 데스뵈겐 무쓰 이히 베찰렌

✿ 당신에게 특별히 한턱내고 싶습니다.
Ich möchte Sie zu etwas Speziellem einladen.
이히 뫽히테 지 추 에트봐스 슈페치엘렘 아인라덴

✿ 각자 부담합시다.
Bezahlen wir getrennt.
베-찰렌 뷔어 게트렌트

✿ 잔돈은 가지세요. (팁을 의미함)
Stimmt so.
슈팀트 소

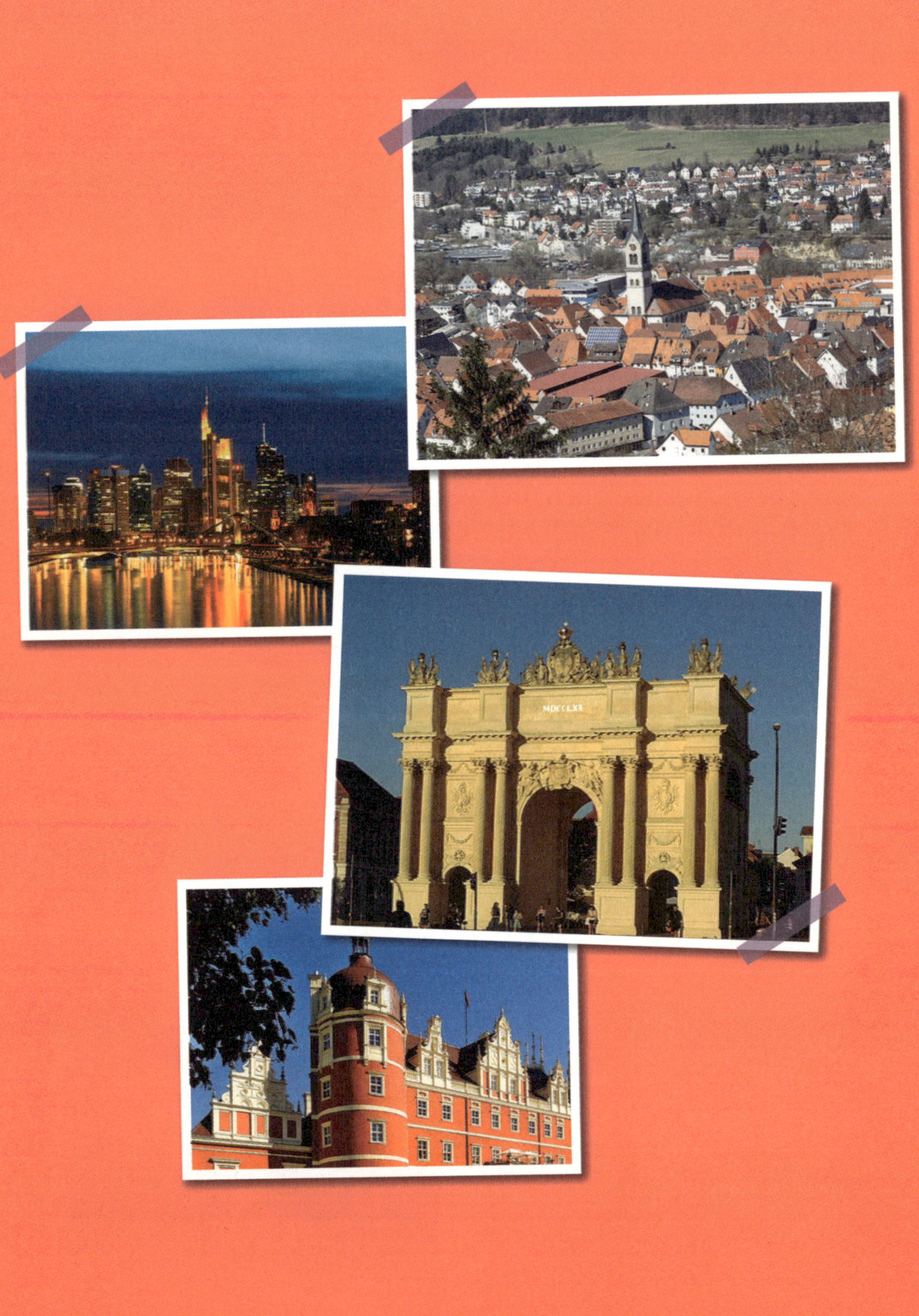

Teil 3

유창한 대화를 위한 표현

보통 일반인에게 사용되는 경칭으로는 Herr, Frau 등이 있습니다. 다. 이외에도 Herr Dr.(Doktor)와 Frau Dr.(Doktor)를 사용하기도 하는데, 박사학위 소지자에게만 쓰는 표현입니다.

영어에 5W1H 의문사가 있는 것처럼 독일어에도 의문사 6W 가 있습니다. Wo(어디) / Wer(누구) / Wann(언제) / Was(무 엇) / Warum(왜) / Wie(어떻게)입니다. 의문문을 만들 때 기본적으로 사용되는 의문사들이니 기억해 둡시다.

Abschnitt 1 질문을 할 때

✿ 질문 하나 있습니다.
Ich habe eine Frage.
이히 하베 아이네 프라게

✿ 질문 하나 해도 될까요?
Kann ich etwas fragen?
칸 이히 에트봐스 프라겐

✿ 사적인 질문을 하나 해도 되겠습니까?
Kann ich Sie etwas Privates fragen?
칸 이히 지 에트봐스 프리봐테스 프라겐

✿ 구체적인 질문 하나 드리겠습니다.
Ich möchte Ihnen eine konkrete Frage stellen.
이히 묔히테 이넨 아이네 콩크레테 프라게 슈텔렌

✿ 누구한테 물어봐야 되죠?
Wen soll ich fragen?
뷀 졸 이히 프라겐

* 이 머리글자들은 무엇을 의미합니까?
Was bedeuten diese Initialen?
봐스 베도이텐 디제 이니치알렌

* 이것을 영어로 뭐라고 하죠?
Was bedeutet das auf Englisch?
봐스 베도이테트 다스 아우프 엥리쉬

* 이 단어를 어떻게 발음하죠?
Wie kann man dieses Wort aussprechen?
뷔 칸 만 디제스 보어트 아우스슈프렉헨

* 그건 무엇으로 만드셨어요?
Woraus haben Sie das gemacht?
보라우스 하벤 지 다스 게 막흐트

* 당신에게 질문할 게 많이 있습니다.
Ich habe mehrere Fragen an Sie.
이히 하베 메-레레 프라겐 안 지

* 그건 무엇에 쓰는 거죠?
Wofür wird das verwendet?
보퓌어 뷔어트 다스 풰어뷀데트

* 질문을 잘 들으세요.
Hören Sie sich die Frage gut an.
회렌 지 지히 디 프라게 굳 안

* 내 질문에 답을 해 주세요.
Beantworten Sie bitte meine Frage.
베안트보어텐 지 비테 마이네 프라게

* 답을 말해 보세요.
Geben Sie mir die Antwort.
게벤 지 미어 디 안트보어트

✱ 여기까지 다른 질문은 없습니까?
Haben Sie bislang keine weiteren Fragen?
하벤 지 비슬랑 카이네 봐이터렌 프라겐

Abschnitt 2 질문에 답변할 때

✱ 좋은 질문입니다.
Das ist eine gute Frage.
다스 이스트 아이네 구테 프라게

✱ 더 이상 묻지 마세요.
Bitte keine Fragen mehr.
비테 카이네 프라겐 메어

✱ 답변하고 싶지 않습니다.
Ich will nicht antworten.
이히 빌 니히트 안트보어텐

✱ 뭐라고 대답해야 좋을지 모르겠습니다.
Ich weiß nicht, wie ich antworten soll.
이히 봐이쓰 니히트 뷔 이히 안트보어텐 졸

✱ 저는 모르겠습니다.
Ich weiß nicht.
이히 봐이쓰 니히트

✱ 모르기는 저도 마찬가지입니다.
Ich habe auch keine Ahnung.
이히 하베 아우흐 카이네 아눙

짧은 표현으로 찬성하고 싶을 때는 Alles klar(알았습니다!) / Auf jeden Fall!(맞아요!) / Genau!(확실히 그래요!) 등으

BOOK LIST

"우리는 시대의 변화 속에서도 묵묵히 책의 향기를 담아내고 있습니다."

반석 출판사
·
반석북스
·
탑메이드북

 네.

Ja.

야

✿ 네, 부탁합니다.
Ja, bitte.
야 비테

✿ 네, 그렇게 합시다.
Ja, das machen wir so.
야 다스 막헨 뷔어 조

✿ 전적으로 말씀하신 대로입니다.
Das ist genau so wie Sie gesagt haben.
다스 이스트 게나우 조 뷔 지 게작트 하벤

✿ 물론이죠.
Natürlich.
나튜얼릭히

✿ 기꺼이 할게요.
Das mache ich gerne.
다스 막헤 이히 게어네

✿ 저도 그렇게 생각합니다.
So finde ich es auch.
조 퓐데 이히 에스 아우흐

✿ 저도 같은 의견입니다.
Ich bin auch Ihrer Meinung.
이히 빈 아우흐 이-러 마이눙

✿ 그렇군요.
Ich verstehe.
이히 퓌어슈테에

❋ 아니요.
Nein.
나인

❋ 한번도 없어요.
Niemals.
니-말스

❋ 아니, 지금은 됐어요(안 됩니다).
Nein, jetzt nicht.
나인 옛츠트 니히트

❋ 유감스럽지만, 안 되겠어요.
Es tut mir leid, aber es geht nicht.
에스 투트 미어 라이트 아바 에스 게-트 니히트

❋ 그건 몰랐습니다.
Das wußte ich nicht.
다스 부쓰테 이히 니히트

❋ 그건 금시초문입니다.
Davon habe ich nie gehört.
다폰 하베 이히 니 게회어트

❋ 그렇지 않아요.
Das ist nicht so.
다스 이스트 니히트 조

❋ 그렇게 생각하지 않아요.
So denke ich nicht.
조 뎅케 이히 니히트

✱ 괜찮아요. (사죄에 대한 응답)
Ist schon gut.
이스트 숀 굳

✱ 아무것도 아니에요.
Das macht nichts.
다스 마흐트 니히츠

✱ 아직요.
noch nicht.
노흐 니히트

✱ 물론 다릅니다.
Natürlich ist es anders.
나튜얼리히 이스트 에스 안더스

Abschnitt 3 불확실 · 의심의 마음을 전할 때

✱ 있을 수 있어요(그럴 수 있어요).
Das kann doch sein.
다스 칸 도흐 자인

✱ 그럴지도 모르겠어요.
Das könnte doch sein.
다스 쾬테 도흐 자인

✱ 아마도….
Vielleicht...
필라이히트

✱ 그렇대요.
So hat man gesagt.
조 핱 만 게작트

* ～라고 합니다.
Es wird gesagt, dass ~
에스 뷔어트 게작트 다쓰

* 그렇다면 좋겠는데….
Es wäre schön.
에스 뵈레 쉔

* 그건 경우에 따라 다릅니다.
Das ist anders je nach den Umständen.
다스 이스트 안더스 예 나흐 덴 움슈텐덴

* 어쩐지….
Nun verstehe ich.
눈 퓌어슈테에 이히

* 믿을 수 없어.
Das ist unglaublich.
다스 이스트 운그라우블리히

* 정말로?(매우 친근한 표현)
Echt?
에히트

* 본심이야
Das meine ich ernst.
다스 마이네 이히 에언스트

* 이상하군요.
Seltsam.
셀트삼

* 네, 하지만 의심스럽군요.
Ja, aber es ist zweifelhaft.
야 아바 에스 이스트 츠봐이펠하프트

03 맞장구를 칠 때

상대가 한 말을 긍정적으로 받아들이고 싶을 때는 Das stimmt.(맞습니다.) / Ja.(정말이군요.), 혹은 klar.(물론이죠.) 등으로 말합니다. 부정하고 싶은 때는 So glaube ich nicht. (나는 그렇게 생각하지 않아요.) / Das ist nicht wahr.(그건 다릅니다.) / Niemals.(절대로 그렇지는 않습니다.) 등으로 표현합니다. 상대의 말에 놀랐을 때는 Unglaublich!(믿을 수 없어요!) / Im Ernst!(농담 마세요!) 등을 씁니다.

Abschnitt 1 확실하게 맞장구를 칠 때

❋ 맞아요.

Das stimmt.

다스 슈팀트

❋ 바로 그겁니다(맞아요).

Genau.

게나우

❋ 물론이죠.

Natürlich.

나튜얼리히

❋ 틀림없어.

Ich bin mir sicher.

이히 빈 미어 직혀

❋ 확신해요.

Ich bin mir sicher.

이히 빈 미어 직혀

✱ 당연하죠.
Natürlich.
나튜얼리히

✱ 동의합니다.
Ich stimme zu.
이히 슈팀메 추

✱ 저도 그래요.
So finde ich auch.
조 핀데 이히 아우흐

✱ 네, 그게 바로 제 생각입니다.
Ja, das ist genau, was ich meine.
야 다스 이스트 게나우 봐스 이히 마이네

✱ 사실이에요.
Das ist wahr.
다스 이스트 봐그거예요.

✱ 그거예요.
Das ist es.
다스 이스트 에스

✱ 그거 말 되네요.
Das macht Sinn.
다스 마흐트 진

✱ 좋아요.
Gut.
굴

✱ 그거 좋군요.
Das ist gut.
다스 이스트 굴

✿ 좋은 생각이에요.
Gute Idee.
구테 이데

✿ 네, 그렇고말고요.
Ja, selbstverständlich.
야 셀프스트풰어슈텐틀리히

✿ 아마도….
Vielleicht...
필라이히트

✿ 그럴지도 모르겠어요.
Das könnte sein.
다스 쾬테 자인

✿ 그럴 거라고 생각합니다.
So glaube ich.
조 글라우베 이히

✿ 그렇기를 바랍니다.
Das hoffe ich.
다스 호풰 이히

✿ 저도 역시 그렇게 생각합니다.
So denke ich auch.
조 뎅케 이히 아우흐

✿ 재미있겠군요.
Das wäre interessant.
다스 뵈레 인테레짠트

* 그래요
Ja.
야

* 어머, 그래요
Ach, das stimmt.
아흐 다스 슈팀트

* 아, 그러셨어요?
Ach, tatsächlich?
아흐 탙첵힐리히

Abschnitt 4 부정의 맞장구

* 설마! / 그럴 리가요!
Nein, auf keinen Fall!
나인 아우프 카이넨 팔

* 아니요, 그렇게 생각지 않아요.
Nein, so denke ich nicht.
나인 조 뎅케 이히 니히트

* 그래요? 저도 좋아하지 않습니다.
Ja? Das mag ich nicht.
야 다스 마흐 이히 니히트

* 모르겠어요.
Ich weiß nicht.
이히 봐이쓰 니히트

* 확실히 모르겠어요.
Ich weiß nicht genau.
이히 봐이쓰 니히트 게나우

* 참 안됐네요.
Es tut mir leid.
에스 투트 미어 라이트

* 그건 무리예요.
Das geht nicht.
다스 게-트 니히트

* 글쎄.
Naja.
나야

* 글쎄(어디 보자).
Naja(Mal sehen).
나야(말 제엔)

* 참, 뭐더라.
Ach, was war das.
아흐 봐스 봐 다스

* 거 뭐랄까?
Ach, wie kann ich das sagen.
아흐 뷔 칸 이히 다스 자겐

04 되물음과 이해를 나타낼 때

잘 알아들을 수 없거나 다시 한번 말해 달라고 하는 경우에는 Was?(뭐?)는 가급적이면 사용하지 마세요. Wie bitte?이라고 하는 게 가장 간단한 표현입니다. 다른 나라의 말을 익힌다는 것은 진정한 커뮤니케이션의 시작입니다. Abschnitt 3 이해 여부를 재확인할 때 부분에 있는 문장들은 다소 무례하게 들릴 수 있으니 사용할 때 유의해야 합니다.

Abschnitt 1 되물을 때

뭐라고요?
Wie bitte?
뷔 비테

뭐라고?
Wie bitte?
뷔 비테

뭐라고 했지?
Was hast du gesagt?
봐스 하스트 두 게작트

방금 뭐라고 말씀하셨죠?
Was haben Sie gerade gesagt?
봐스 하벤 지 게라데 게작트

맞습니까?
Ist das wahr?
이스트 다스 봐

✿ 그렇습니까?
Ist das so?
이스트 다스 조

✿ 정말인가요?
Ehrlich?
에얼리히

✿ 그랬습니까?
War das so?
봐 다스 조

✿ 그러세요?
Meinen Sie so?
마이넨 지 조

✿ 네?
Ja?
야

✿ 농담이시죠.
Ist das ein Witz?
이스트 다스 아인 빗츠

Abschnitt **2** 잘 알아듣지 못했을 때

✿ 다시 말씀해 주시겠어요?
Könnten Sie das wiederholen?
퀸텐 지 다스 뷔더홀렌

✿ 다시 한번 말씀해 주십시오.
Bitte wiederholen Sie das nochmal.
비테 뷔더홀렌 지 다스 녹흐말

✿ 미안합니다. 잘 모르겠는데요.

Es tut mir leid, aber ich weiß nicht.
에스 투트 미어 라이트 아바 이히 봐이쓰 니히트

✿ 미안하지만, 잘 못 알아듣겠습니다.

Es tut mir leid, aber ich habe das nicht verstanden.
에스 투트 미어 라이트 아바 이히 하베 다스 니히트 풰어슈탄덴

✿ 말이 너무 빨라서 모르겠습니다.

Ich habe nicht verstanden, weil das zu schnell war.
이히 하베 니히트 풰어슈탄덴 봐일 다스 추 슈넬 봐

✿ 천천히 말씀해 주시겠어요?

Könnten Sie langsamer reden?
퀸텐 지 랑자머 레덴

✿ 전혀 들리지 않네요. 더 분명하게 말씀해 주시겠어요?

Ich kann gar nichts verstehen. Könnten Sie klarer sprechen?
이히 칸 가 니히츠 풰어슈테엔 퀸텐 지 클라러 슈프렉헨

✿ 미안합니다만, 안 들립니다.

Es tut mir leid, aber ich kann nicht hören.
에스 투트 미어 라이트 아바 이히 칸 니히트 회렌

✿ 더 큰소리로 말씀해 주시겠어요?

Können Sie bitte lauter sprechen?
퀸텐 지 비테 라우터 슈프렉헨

✿ 무슨 뜻입니까?

Was meinen Sie?
봐스 마이넨 지

✿ 미안합니다. 제인, 다음은 뭔가요?

Verzeihung. Jane, Was kommt jetzt?
풰어차이웅 제인 봐스 컴트 옛츠트

* 이해하시겠어요?
Verstanden?
뷔어슈탄덴

* 제 말 뜻을 이해하시겠어요?
Verstehen Sie, was ich meine?
뷔어슈테엔 지 봐스 이히 마이네

* 제가 한 말을 알겠어요?
Verstehen Sie, was ich meine?
뷔어슈테엔 지 봐스 이히 마이네

* 지금까지 제가 한 말을 이해하시겠어요?
Verstehen Sie, was ich bis jetzt gesagt habe?
뷔어슈테엔 지 봐스 이히 비스 옛츠트 게작트 하베

* 무슨 뜻인지 이해하시겠어요?
Verstehen Sie, was ich meine?
뷔어슈테엔 지 봐스 이히 마이네

* 이해했어요.
Einverstanden.
아인뷔어슈탄덴

* 아, 알겠습니다.
Ach, ich verstehe.
아흐 이히 뷔어슈테에

아, 알겠어요.
Ach, okay.
아흐 오케이

알겠군요.
Ich verstehe.
이히 퓌어슈테에

이해가 되는군요.
Das kann ich verstehen.
다스 칸 이히 퓌어슈테엔

아! 무슨 말씀인지 알겠습니다.
Ach! Ich verstehe, was ich meine.
아흐 이히 퓌어슈테에 봐스 이히 마이네

와, 그러니까 감이 잡히는군요.
Ach, dann ist es nachvollziehbar.
아흐 단 이스트 에스 낙흐폴치-바

이해할 만하군요.
Das ist nachvollziehbar.
다스 이스트 낙흐폴치-바

당신의 입장을 이해합니다.
Ich verstehe Ihren Standpunkt.
이히 퓌어슈테에 이-렌 슈탄트풍크트

이해가 안 됩니다.
Ich verstehe das nicht.
이히 퓌어슈테에 다스 니히트

무슨 말을 하는지 모르겠어요.
Ich kann Ihnen nicht folgen.
이히 칸 이넨 니히트 폴겐

✱ 이해하기 어렵군요.

Das ist schwer zu verstehen.
다스 이스트 슈베어 추 퓌어슈테엔

✱ 짐작도 못 하겠군요.

Ich kann sogar nicht vermuten.
이히 칸 조가 니히트 퓌어무-텐

✱ 무슨 말인지 전혀 모르겠어요.

Ich kann gar nichts verstehen.
이히 칸 가 니히츠 퓌어슈테엔

✱ 당신 말씀을 이해할 수 없습니다.

Ich kann nicht verstehen, was Sie sagen.
이히 칸 니히트 퓌어슈테엔 봐스 지 자겐

✱ 그걸 전혀 이해할 수가 없군요.

Das verstehe ich überhaupt nicht.
다스 퓌어슈테에 이히 위버하웁트 니히트

✱ 그건 이해가 안 되는군요.

Das verstehe ich nicht.
다스 퓌어슈테에 이히 니히트

Kapitel 05

제안과 권유를 할 때

일단 권유를 받았다면 Danke für Ihren Vorschlag.(권유해 줘서 고마워요.)라고 감사의 뜻을 전하든가, 아니면 Es tut mir leid.(아쉽지만.)라고 할 것입니다. 그 뒤에 이어서 aber ich habe schon einen anderen Termin.(다른 약속이 있습니다.) 혹은 aber ich habe an dem Tag etwas zu erledigen.(그날은 할 일이 있습니다.)라고 말하면 됩니다.

Abschnitt 1 무언가를 제안할 때

❋ 털어놓고 얘기합시다.

Reden wir offen.

레덴 뷔어 오풴

❋ 이제 그만합시다.

Machen wir Schluss.

막헨 뷔어 슐루쓰

❋ 오늘은 이만합시다.

Machen wir Schluss für heute.

막헨 뷔어 슐루쓰 퓌어 호이테

❋ 쉽시다.

Wir machen Pause.

뷔어 막헨 파우제

❋ 숨 좀 돌리자.

Wir machen Pause.

뷔어 막헨 파우제

Teil 03 | 우정한 대화를 위한 표현

✿ 화해합시다.
Söhnen wir uns aus.
죄-넨 뷔어 운스 아우스

✿ 좋으실 대로 하십시오.
Machen Sie, wie Sie wollen.
막헨 지 뷔 지 뷜렌

✿ 시험 삼아 한번 해 봅시다.
Machen wir damit eine Probe.
막헨 뷔어 다밋 아이네 프로베

✿ 내게 좋은 생각이 있어요.
Ich habe eine gute Idee.
이히 하베 아이네 구테 이데

✿ 그것을 최대한 잘 이용해 봅시다.
Nutzen wir das so gut wie wir können.
눗첸 뷔어 다스 조 굳 뷔 뷔어 퀸넨

✿ 그 사람 경계하는 편이 좋아요.
Sie sollten sich von ihm[ihr] fern halten.
지 졸텐 지히 폰 임/이어 퓌언 할텐

✿ 그런 의미에서 우리 악수나 한번 합시다.
Im Bezug darauf geben wir uns die Hand.
임 베축 다라우프 게벤 뷔어 운스 디 한트

✿ 지금 시작하는 것이 좋을 것입니다.
Es wäre besser, wenn wir jetzt anfangen.
에스 뵈레 베써 뷘 뷔어 옛츠트 안팡엔

✿ 산책이나 합시다. (기분전환 겸)
Gehen wir spazieren.
게엔 뷔어 슈파치-렌

- 테니스 치러 가시죠?
  Gehen wir Tennis spielen.
  게엔 뷔어 테니스 슈필렌

- 괜찮다면 같이 가시죠.
  Wenn es geht, kommen Sie mit.
  뷘 에스 게-트 컴멘 지 밑

- 저하고 쇼핑 가실래요?
  Wollen Sie mit mir einkaufen gehen?
  뷜렌 지 밑 미어 아인카우풴 게엔

- 커피 한 잔 드시겠어요?
  Möchten Sie eine Tasse Kaffee?
  뫽히텐 지 아이네 타쎄 카페

- 창문을 열까요?
  Soll ich das Fenster aufmachen?
  졸 이히 다스 풴스터 아우프막헨

- 내일, 저녁이나 같이 안 하시겠습니까?
  Wollen wir morgen zusammen zu Abend essen?
  뷜렌 뷔어 모어겐 추잠멘 추 아벤트 에쎈

- 맥주 한 잔 하시겠어요?
  Möchten Sie ein Glas Bier?
  뫽히텐 지 아인 글라스 비어

- 먼저 하십시오(타십시오, 들어가십시오, 드십시오).
  Sie zuerst.
  지 추에어스트

✱ 오늘 밤 쇼를 보러 가지 않겠어요?
Wollen wir heute Abend zur Show gehen?
빌렌 뷔어 호이테 아벤트 추어 쇼 게엔

✱ 비디오 게임 한번 하는 게 어떻겠습니까?
Wollen wir ein Videospiel spielen?
빌렌 뷔어 아인 비디오슈필 슈필렌

Abschnitt 3 제안 · 권유에 응할 때

✱ 좋습니다.
Gut.
굳

✱ 네, 그렇게 하겠습니다.
Ja, das mache ich.
야 다스 막헤 이히

✱ 괜찮다면, 제가 함께 가 드리겠습니다.
Wenn es geht, komme ich mit.
뷔 에스 게-트 컴메 이히 밑

✱ 감사합니다. 그렇게 해 주세요.
Danke. Bitte machen Sie das.
당케 비테 막헨 지 다스

✱ 네가 말한 대로 할게.
Ich mache, was du gesagt hast.
이히 막헤 봐스 두 게작트 하스트

✱ 그거 좋은 생각이군요.
Das ist doch eine gute Idee.
다스 이스트 도흐 아이네 구테 이데

✿ 그거 재미있겠는데요.
Das wäre interessant.
다스 뵈레 인테레쌍트

✿ 네, 그렇게 합시다.
Ja, das machen wir.
야 다스 막헨 뷔어

✿ 그거 괜찮겠군요.
Das wäre gut.
다스 뵈레 귵

✿ 그럴 기분이 아닙니다.
Ich bin nicht in der Stimmung dafür.
이히 빈 니히트 인 데어 슈팀뭉 다퓌어

✿ 아니요, 그렇게 하지 맙시다.
Nein, wir machen das nicht.
나인 뷔어 막헨 다스 니히트

✿ 고맙지만, 됐습니다.
Danke, aber nein.
당케 아바 나인

✿ 그럴 생각이 없습니다.
Ich habe nicht vor, das zu machen.
이히 하베 니히트 포어 다스 추 막헨

✿ 다음 기회로 미룰까요?
Wollen wir das verschieben?
뷜렌 뷔어 다스 퓌어쉬벤

06 부탁을 할 때

무언가를 부탁할 때는 사양하지 말고 확실하게 부탁하는 것이 중요합니다. 우리는 상대방을 고려하여 망설이는 경우가 많지만, 그러한 태도는 도움이 되지 않습니다. 부탁할 때는 〈Bitte + 명령문〉을 사용하여 말하면 간단하고 정중한 부탁의 표현이 됩니다. 또한 Können Sie ~?나 Wollen Sie ~?를 첫머리에 붙여서 사용하면 더욱 정중한 표현이 됩니다. 친구 사이라면 가볍게 Willst du ~?라고 하면 됩니다.

Abschnitt 1 부탁을 할 때

⁂ 부탁 하나 해도 될까요?
Kann ich Sie um etwas bitten?
칸 이히 지 움 에트봐스 비텐

⁂ 실례합니다. 부탁 하나 들어 주시겠어요?
Entschuldigung, aber kann ich Sie um etwas bitten?
엔트슐디궁 아바 칸 이히 지 움 에트봐스 비텐

⁂ 부탁드릴 게 하나 있습니다.
Ich möchte Sie um etwas bitten.
이히 뫼히테 지 움 에트봐스 비텐

⁂ 부탁 좀 드려도 될까요?
Kann ich Sie um etwas bitten?
칸 이히 지 움 에트봐스 비텐

⁂ 방해가 되지 않을지 모르겠군요.
Ich befürchte, dass ich Sie stören könnte.
이히 베퓌어히테 다쓰 지 슈퇴렌 퀸테

✿ 잠시 폐를 끼쳐도 될까요?
Darf ich Sie kurz stören?
다프 이히 지 쿠어츠 슈퇴렌

✿ 제가 좀 끼어도 될까요?
Kann ich auch mitmachen?
칸 이히 아우흐 밑막헨

✿ 잠시 시간을 내 주시겠습니까?
Haben Sie eine Minute für mich?
하벤 지 아이네 비누테 퓌어 미히

✿ 저를 도와주실 수 있나 모르겠네요.
Ich möchte wissen, ob Sie mir helfen können.
이히 뫼히테 뷔쎈 옵 지 미어 헬펜 쾬넨

✿ 잠시 폐를 끼쳐도 되겠습니까?
Darf ich Sie kurz stören?
다프 이히 지 쿠어츠 슈퇴렌

Abschnitt 2 구체적으로 부탁할 때

✿ 좀 태워다 주시겠습니까?
Könnten Sie mich mitnehmen?
쾬텐 지 미히 밑네-멘

✿ 내일 제가 차를 쓸 수 있을까요?
Können Sie mir morgen Ihr Auto ausleihen?
쾬넨 지 미어 모어겐 이어 아우토 아우슬라이엔

✿ 당신 것을 빌려 주시겠습니까
Können Sie mir Ihres ausleihen?
쾬넨 지 미어 이-레스 아우슬라이엔

✿ 돈을 좀 빌릴 수 있을까요?

Kann ich mir etwas Geld leihen?
칸 이히 미어 에트봐스 겔트 라이엔

✿ 문 좀 열어 주시겠어요?

Können Sie bitte die Tür öffnen?
쾬넨 지 비테 디 튀어 외프넨

✿ 저와 함께 가실래요?

Kommen Sie mit?
컴멘 지 밑

✿ 주소 좀 가르쳐 주시겠어요?

Kann ich Ihre Adresse haben?
칸 이히 이-레 아드레쎄 하벤

✿ 춤 한번 추실까요?

Wollen wir tanzen?
뷜렌 뷔어 탄첸

✿ 가능한 한 빨리 저에게 알려 주시겠습니까?

Können Sie mir so früh wie möglich Bescheid geben?
쾬넨 지 미어 조 프뤼 뷔 뫼-글리히 베샤이트 게벤

✿ 잠깐 절 위해서 해 주시겠어요?

Können Sie das für mich machen?
쾬넨 지 다스 퓌어 미히 막헨

✿ 그분이 어떤 분인지 말해 주시겠어요?

Können Sie erzählen, was für eine Art Person er ist?
쾬넨 지 에어첼-렌 봐스 퓌어 아이네 아트 페어존 에어 이스트

✿ 제 곁에 있어 주세요.

Bitte bleiben Sie an meiner Seite.
비테 블라이벤 지 안 마이너 자이테

✿ 생각할 시간을 주세요.
Geben Sie mir bitte einen Moment.
게벤 지 미어 비테 아이넨 모멘트

✿ 확인 좀 해 주세요.
Ich brauche Ihre Bestätigung.
이히 브라우헤 이-레 베슈테티궁

✿ 다음 기회로 미룰 수 있을까요?
Können wir das verschieben?
퀸넨 뷔어 다스 풰어쉬벤

✿ 내일은 쉬고 싶습니다.
Morgen möchte ich eine Pause machen.
모어겐 뮉히테 이히 아이네 파우제 막헨

✿ 혼자 있게 해 주세요(제발 좀 내버려 두세요).
Lassen Sie mich in Ruhe.
라쎈 지 미히 인 루에

Abschnitt 3 부탁을 들어줄 때

✿ 물론이죠.
Natürlich.
나튜얼리히

✿ 기꺼이 그러죠.
Gerne.
게어네

✿ 네, 그러지요.
Ja, das mache ich.
야 다스 막헤 이히

* 기꺼이 하겠습니다.
Ja, das mache ich gerne.
야 다스 막헤 이히 게어네

* 그렇게 하세요.
Ja, machen Sie es.
야 막헨 지 에스

* 그렇고말고요.
Selbstverständlich.
셀프스트풰어슈텐들리히

* 그럼요(문제없어요).
Kein Problem.
카인 프로블램

* 뭐, 그 정도쯤이야(별것 아닙니다).
Ach, das macht doch nichts.
아흐 다스 마흐트 도흐 니히츠

* 그렇게 하세요.
Ja, Sie können das natürlich machen.
야 지 쾬넨 다스 나튜얼리히 막헨

Abschnitt **4** 부탁을 거절할 때

* 안 되겠는데요.
Es geht leider nicht.
에스 게-트 라이더 니히트

* 미안하지만, 지금은 안 되겠는데요.
Es tut mir leid, aber es geht jetzt nicht.
에스 투트 미어 라이트 아바 에스 게-트 옛츠트 니히트

✿ 미안하지만, 그렇게는 안 되겠는데요.
Es tut mir leid, aber es geht so nicht.
에스 투트 미어 라이트 아바 에스 게-트 조 니히트

✿ 그건 다소 하기 까다로운 일입니다.
Das ist zu anspruchsvoll.
다스 이스트 추 안슈프룩스퓔

✿ 시간이 필요합니다.
Ich brauche mehr Zeit.
이히 브라우헤 메어 차이트

✿ 어쩐지 할 기분이 아니군요.
Irgendwie bin ich nicht in der Laune.
이어겐트뷔 빈 이히 니히트 인 데어 라우네

✿ 글쎄요, 아직 그럴 준비가 되지 않았습니다.
Na ja, ich bin dafür noch nicht vorbereitet.
나야 이히 빈 다퓌어 노흐 니히트 포어베라이테트

✿ 다음 기회에 꼭 할 거예요.
Das mache ich unbedingt nächstes Mal.
다스 막헤 이히 운베딩트 넥스테스 말

✿ 금방은 무리라고 생각합니다.
Gleich kann ich das nicht machen.
글라이히 칸 이히 다스 니히트 막헨

✿ 글쎄요, 다음 기회에.
Na ja, nächstes Mal.
나야 넥스테스 말

Kapitel 07 대화를 시도할 때

대화를 자연스럽게 시작하기 위해서는 공통의 화제로 상대의 주의를 끌도록 합니다. Das Wetter ist schön, oder? (날씨가 좋죠, 그렇죠?)처럼 날씨부터 시작하는 것이 가장 무난합니다. 다른 사람에게 말을 걸 때는 Entschuldigen Sie이라고 표현하는 것이 가장 일반적입니다. 또한 상대와 대화를 원할 때는 상대의 사정을 살피며 Haben Sie ein bisschen Zeit?(시간 좀 있으세요?)라고 하면 됩니다.

Abschnitt 1 말을 걸 때

❁ 이야기 좀 할 수 있을까요?
Können wir reden?
퀸넨 뷔어 레덴

❁ 말씀드릴 게 좀 있습니다.
Ich habe etwas zu sagen.
이히 하베 에트봐스 추 자겐

❁ 드릴 말씀이 있는데요.
Ich habe etwas zu sagen.
이히 하베 에트봐스 추 자겐

❁ 잠깐 이야기를 나누고 싶은데요.
Ich möchte mit Ihnen kurz reden.
이히 뫽히테 밑 이넨 쿠어츠 레덴

❁ 당신에게 할 이야기가 좀 있습니다.
Ich habe Ihnen etwas zu sagen.
이히 하베 이넨 에트봐스 추 자겐

✿ 잠깐 이야기 좀 할까요?
Können wir kurz reden?
퀸넨 뷔어 쿠어츠 레덴

✿ 할 이야기가 좀 있습니다.
Ich habe etwas zu sagen.
이히 하베 에트봐스 추 자겐

✿ 잠시면 됩니다.
Es wird nur einen Moment dauern.
에스 뷔어트 누어 아이넨 모멘트 아우언

✿ 잠깐 시간 좀 내 주시겠어요?
Haben Sie ein bisschen Zeit?
하벤 지 아인 비쓰헨 차이트

✿ 잠시 이야기 좀 할 수 있을까요
Können wir kurz sprechen?
퀸넨 뷔어 쿠어츠 슈프렉헨

Abschnitt 2 대화 도중에 말을 걸 때

✿ 말씀 중에 잠깐 실례를 해도 될까요?
Darf ich Sie für einen Moment unterbrechen?
다프 이히 지 뷔어 아이넨 모멘트 운터브렉헨

✿ 말씀 도중에 죄송합니다만….
Entschuldigen Sie, dass ich Sie unterbreche.
엔트슐디겐 지 다쓰 이히 지 운터브렉헤

✿ 김 씨, 저와 이야기 좀 할 수 있을까요?
Herr Kim, können wir mal reden?
헤어 킴 퀸넨 뷔어 말 레덴

Abschnitt 3 용건을 물을 때

무슨 이야기를 하고 싶으세요?
Was möchten Sie jetzt sagen?
봐스 뫽히텐 지 옛츠트 자겐

제가 도와드릴 게 있나요?
Brauchen Sie Hilfe?
브라욱헨 지 힐풰

나한테 뭔가 이야기하고 싶으세요?
Möchten Sie mir etwas sagen?
뫽히텐 지 미어 에트봐스 자겐

무슨 말을 하고 싶으신 거죠?
Was wollen Sie jetzt sagen?
봐스 뷜렌 지 옛츠트 자겐

무엇을 도와드릴까요?
Kann ich Ihnen helfen?
칸 이히 이넨 헬펜

난처하신 것 같은데, 제가 할 수 있는 일이 있습니까?
Sie haben jetzt vielleicht ein Problem. Kann ich Ihnen helfen?
지 하벤 옛츠트 퓔라이히트 아인 프로블램 칸 이히 이넨 헬펜

Abschnitt 4 모르는 사람에게 말을 걸 때

날씨가 좋죠, 그렇죠?
Das Wetter ist schön, oder?
다스 뷔터 이스트 쉔 오다

❉ 날씨가 시원하고 기분을 좋게 해주죠, 그렇죠?
Das Wetter ist kühl und gemütlich, oder?
다스 붸터 이스트 퀼 운트 게뮈-틀리히 오다

❉ 날씨가 안 좋죠, 그렇죠?
Das Wetter ist schlecht, oder?
다스 붸터 이스트 슐레히트 오다

❉ 여기는 처음이십니까?
Sind Sie hier zum ersten Mal?
진트 지 히어 춤 에어스텐 말

❉ 이 자리에 누구 있습니까?
Ist dieser Platz besetzt?
이스트 디저 플랏츠 베젯츠트

❉ 멀리 가십니까?
Fahren Sie weit weg?
파-렌 지 봐이트 붹

❉ 신문 보시겠습니까?
Möchten Sie die Zeitung lesen?
믹히텐 지 디 차이퉁 레젠

❉ 경치가 멋지죠, 그렇죠?
Die Landschaft ist schön, oder?
디 란트샤프트 이스트 쉔 오다

❉ 영어로 말할 줄 아세요?
Können Sie Englisch sprechen?
퀸넨 지 엥리쉬 슈프렉헨

08 대화의 연결과 진행

잠깐 말이 막히거나 생각을 하면서 말하거나 할 때의 연결 표현은 상대의 기분을 거슬리지 않기 위해서도 매우 중요하고, 회화에서 가장 기본적인 기술의 하나라고 할 수 있습니다. Naja...는 대화에서 침묵을 피할 때 적절하게 쓸 수 있는 표현입니다. 이건 Warten Sie eine Minute. ~(잠시 기다려 주십시오. ~)에 해당하는 대화의 연결 표현이므로 자연스럽게 말하면서 다음 말을 생각하도록 합시다.

Abschnitt 1 말을 재촉할 때

✱ 빨리 말씀하세요.

Sagen Sie bitte schnell!

자겐 지 비테 슈넬

✱ 제발 말해 주세요.

Bitte sagen Sie!

비테 자겐 지

✱ 할 말이 있으면 하세요.

Bitte sagen Sie, wenn Sie etwas zu sagen haben!

비테 자겐 지 벤 지 에트봐스 추 자겐 하벤

✱ 이유를 말해 보세요.

Bitte sagen Sie den Grund!

비테 자겐 지 덴 그룬트

✱ 하고 싶은 말을 하세요.

Bitte sagen Sie, was Sie sagen wollen!

비테 자겐 지 봐스 지 자겐 뷜렌

✿ 누가 그랬는지 말해 보세요.
Bitte sagen Sie, wer das getan hat?
비테 자겐 지 뷔어 다스 게탄 핟

✿ 그래서 당신은 뭐라고 했습니까?
Also, was haben Sie gesagt?
알조 봐스 하벤 지 게작트

<table><tr><td>Abschnitt</td><td>2</td><td>간단히 말할 때</td></tr></table>

✿ 그냥 말해!
Sag es einfach!

작 에스 아인퐈흐

✿ 본론을 말씀하세요.
Nennen Sie bitte das Hauptthema!
넨넨 지 비테 다스 하우프트테마

✿ 바로 요점을 말하세요.
Nennen Sie bitte direkt den Hauptpunkt!
넨넨 지 비테 디렉트 덴 하우프트풍크트

✿ 요점을 말씀드리자면….
Wenn ich den Hauptpunkt sage, ...
뷀 이히 덴 하우프트풍크트 자게

✽ 화제를 바꿉시다.
Wechseln wir das Thema!
뷕셀른 뷔어 다스 테마

✽ 뭔가 다른 이야기를 합시다.
Unterhalten wir uns über etwas anderes!
운터할텐 뷔어 운스 위버 에트봐스 안더레스

✽ 화제를 바꾸지 마세요.
Wechseln wir nicht das Thema!
뷕셀른 뷔어 니히트 다스 테마

✽ 그런데, ….
Aber ....
아바

✽ 그건 다른 이야기잖아요.
Das ist ein anderes Thema.
다스 이스트 아인 안더레스 테마

✽ 제가 한 말을 취소하겠습니다.
Ich nehme zurück, was ich gesagt habe.
이히 네-메 추뤽 봐스 이히 게작트 하베

✽ 음…. (뭐랄까?)
Naja... (Wie soll ich sagen?)
나야... (뷔 졸 이히 자겐)

❋ 글쎄, 제 말은….
Na ja, ich meine ....
나야 이히 마이네

❋ 실은, ….
In der Tat ...
인 데어 타-트

❋ 그걸 어떻게 말해야 될까요?
Wie soll ich das sagen?
뷔 졸 이히 다스 자겐

❋ 제가 어디까지 말했죠?
Was habe ich bisher gesagt?
봐스 하베 이히 비스헤어 게작트

❋ 우리가 어디까지 이야기했죠?
Worüber haben wir bisher gesprochen?
보뤼버 하벤 뷔어 비스헤어 게슈프로헨

Abschnitt 5 말을 꺼내거나 잠시 주저할 때

❋ 있잖아요, ….
Wissen Sie, ...
뷔쎈 지

❋ 있잖아요(알다시피), ….
Wissen Sie,(Wie Sie wissen)
뷔쎈 지 (뷔 지 뷔쎈)

❋ 생각 좀 해 보고요.
Ich denke mal nach.
이히 뎅케 말 나흐

* 음, 그걸 어떻게 말해야 될까요?
Nun, wie soll ich das sagen?
눈 뷔 졸 이히 다스 자겐

* 말하자면, ….
Sozusagen, ...
조추자겐

* 뭐라고 말할까?
Wie kann ich das sagen?
뷔 칸 이히 다스 자겐

* 뭐라고 했지? 그래, 맞아….
Was habe ich gesagt? Ja, Stimmt ...
봐스 하베 이히 게작트 야 슈팀트

* 뭐라고 말하면 좋을까?
Was soll ich sagen?
봐스 졸 이히 자겐

* 무슨 말을 하려고 했지?
Was wollte ich sagen?
봐스 뷜테 이히 자겐

* 맞아, 이래요.
Stimmt, Das ist so.
슈팀트 다스 이스트 조

* 자, 글쎄요.
Nun, naja...
눈 나야

✿ 생각 좀 해 보고요.
Ich denke nach.
이히 뎅케 나흐

✿ 확실하지 않지만, ～이라고 생각합니다.
Es ist unsicher, aber ich denke, dass~ .
에스 이스트 운직혀 아바 이히 뎅케 다쓰

✿ 제 기억이 옳다면, ….
Wenn meine Erinnerung stimmt, ...
뷈 마이네 에어인네룽 슈팀트

✿ 음, 잘 기억나지 않지만, ….
Naja, Ich kann mich nicht gut erinnern, aber ....
나야 이히 칸 미히 니히트 귵 에어인네언 아바

✿ 말하자면, ….
Sozusagen, ...
조추자겐

✿ 분명하지 않지만, ….
Es ist unsicher, aber ...
에스 이스트 운직혀 아바

✿ 굳이 말한다면, ….
Wenn ich das unbedingt sagen soll, ...
뷈 이히 다스 운베딩트 자겐 졸

조언과 충고를 할 때에는 Ich empfehle, dass~(~하기를 권합니다), Es ist(wäre) gut, ~ zu~(동사) (~하는 게 좋습니다/좋을 것입니다), Ich denke, dass Sie nicht ~ sollten(~하지 않는 게 좋겠어요) 같은 표현을 사용할 수 있습니다.

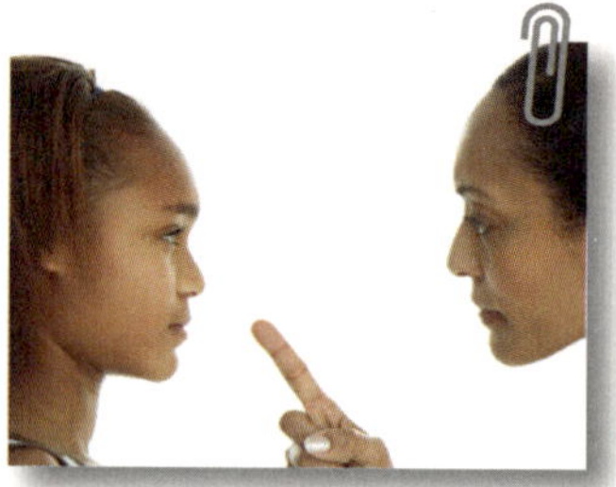

Abschnitt 1 주의를 줄 때

❋ 그러면 안 돼요.
Du solltest das nicht tun!
두 졸테스트 다스 니히트 툰

❋ 이러시면 안 되는데요.
Sie sollten das nicht tun.
지 졸텐 다스 니히트 툰

❋ 개의치 마십시오.
Macht nichts.
마흐트 니히츠

❋ 쓸데없는 짓 마요(귀찮게 하지 마세요).
Tun Sie nichts Nutzloses! (Stören Sie mich nicht!)
툰 지 니히츠 눗츨로세스 (슈퇴렌 지 미히 니히트)

❋ 나쁜 친구들을 사귀지 마라.
Mach dir keine schlechten Freunde!
마흐 디어 카이네 슐렉히텐 프로인데

* 그에게 너무 심하게 대하지 마세요.
Bitte behandeln Sie ihn nicht zu schlecht.
비테 베한델른 지 인 니히트 추 슐레히트

* 비밀을 누설하지 마세요.
Bitte verraten Sie keine Geheimnisse!
비테 풰어라텐 지 카이네 게하임니쎄

* 이제 싸움을 그만하지요.
Bitte keinen Streit mehr!
비테 카이넨 슈트라이트 메어

* 그것을 중지하도록 하세요.
Bitte hören Sie auf!
비테 회렌 지 아우프

* 그 사람과 사귀지 마세요.
Bitte freunden Sie sich nicht mit ihm[ihr] an!
비테 프로인덴 지 지히 니히트 밑 임[이어] 안

* 오해하지는 마세요.
Bitte verstehen Sie mich nicht falsch!
비테 풰어슈테엔 지 미히 니히트 퐐쉬

* 일부러 그런 짓은 하지 마세요.
Bitte tun Sie das nicht absichtlich!
비테 툰 지 다스 니히트 압직히틀리히

* 나한테 쓸데없는 칭찬을 하지 마세요.
Bitte geben Sie mir kein nutzloses Lob!
비테 게벤 지 미어 카인 눗츨로세스 롭

* 제발 언성을 높이지 마십시오.
Bitte erheben Sie nicht Ihre Stimme!
비테 에어헤벤 지 니히트 이-레 슈팀메

✿ 너무 굽실거리지 마세요.
Seien Sie nicht so demütig!
자이엔 지 니히트 조 데뮈-티히

✿ 돈을 낭비하고 다니지 마라!
Verschwende das Geld nicht!
퓌어슈벤데 다스 겔트 니히트

✿ 주의하는 것이 좋겠어요!
Sie sollten besser aufpassen!
지 졸텐 베써 아우프파쎈

✿ 그의 말을 액면 그대로 받아들이지 마세요!
Bitte nehmen Sie seine Rede nicht wörtlich!
비테 네-멘 지 자이네 레데 니히트 뵈어틀리히

✿ 자동차를 조심하세요!
Bitte achten Sie auf das Auto!
비테 악흐텐 지 아우프 다스 아우토

Abschnitt 2 충고할 때 

✿ 나를 실망시키지 마세요.
Bitte enttäuschen Sie mich nicht!
비테 엔트토이쉔 지 미히 니히트

✿ 잊지 말고 기억하세요(명심하세요).
Bitte vergessen Sie das nicht!(Denken Sie daran!)
비테 퓌어게쎈 지 다스 니히트 (뎅켄 지 다란)

✿ 자존심을 버리세요.
Bitte geben Sie Ihren Stolz auf!
비테 게벤 지 이-렌 슈톨츠 아우프

✿ 이것을 잠깐 보십시오!
Bitte schauen Sie sich dies kurz an!
비테 샤우엔 지 지히 디스 쿠어츠 안

✿ 선수를 치세요.
Handeln Sie zuerst!
한델른 지 추에어스트

✿ 너는 진지해야 한다.
Du sollst enrlich sein.
두 졸스트 에얼리히 자인

✿ 여론에 귀를 기울이세요.
Bitte hören Sie auf die Öffentlichkeit!
비테 회렌 지 아우프 디 외펜틀리히카이트

✿ 그걸 너무 심각하게 받아들이지 마세요.
Bitte nehmen Sie das nicht so ernst!
비테 네-멘 지 다스 니히트 조 에언스트

✿ 그는 나에게 많은 충고를 해 주었어요.
Er hat mir viel geraten.
에어 핱 미어 필 게라텐

✿ 최선을 다해라.
Tu dein Bestes!
투 다인 베스테스

✿ 말보다는 행동이 중요해요.
Handeln ist wichtiger als Reden.
한델른 이스트 뷔히티거 알스 레덴

✿ 당신은 그 생각을 버려야 해요.
Sie sollten solche Gedanken aufgeben.
지 졸텐 졸혜 게당켄 아우프게벤

* 당신은 그것을 잘 이용해야 해요.

Sie sollten das gut benutzen.

지 졸텐 다스 굳 베눗첸

* 격식 따위는 따지지 마세요.

Denken Sie nicht an so etwas wie Formalität!

뎅켄 지 니히트 안 조 에트봐스 뷔 포말리테트

* 쉬는 게 좋지 않겠어요?

Wäre das nicht gut, Ruhe zu haben?

뵈레 다스 니히트 굳 루에 추 하벤

* 남이야 뭘 하든 상관 않는 것이 좋을 겁니다.

Es ist besser, an anderen kein Interesse zu haben.

에스 이스트 베써 안 안더렌 카인 인터레쎄 추 하벤

* 규칙대로 하는 것이 좋을 겁니다.

Es ist besser, den Regeln zu folgen.

에스 이스트 베써 덴 레겔른 추 뮐겐

* 일찍 자고 일찍 일어나는 게 좋아요.

Es ist gut, früh ins Bett zu gehen und früh aufzustehen.

에스 이스트 굳 프뤼 인스 베트 추 게엔 운트 프뤼 아우프추슈테엔

* 실수를 할까 봐 두려워 마세요.

Haben Sie keine Angst, Fehler zu machen!

하벤 지 카이네 앙스트 뮐러 추 막헨

114

Teil 4

거리낌 없는 감정 표현

일반적으로 서양인들은 동양인들보다 감정 표현에 솔직한 것으로 인식되고 있습니다. 흔히 독일인들을 조금 무뚝뚝한 편이라고 하지만 어느 정도의 감정 표현이 있습니다. 대화를 위해서는 기본적인 감정 표현을 어느 정도 알아 두어야 합니다.

기쁨을 표현할 경우에는 Oh, das ist schön!(와, 아름답군요!) / Das ist wunderbar! (멋지군요!) 등으로 말합니다. 우리말에서는 직접적으로 기쁨이나 즐거움을 표현하지 않지만, 독일어에서는 Ich freue mich.(나는 정말 기쁘다.) 등처럼 분명하게 자신의 감정을 상대방에게 전달하기도 합니다.

Abschnitt **1** 기쁠 때

❃ 무척 기뻐요!

Ich freue mich sehr!

이히 프로이에 미히 제어

❃ 몹시 기뻐.

Ich freue mich sehr!

이히 프로이에 미히 제어

❃ 기뻐서 펄쩍 뛰고 싶어.

Ich möchte vor Freude springen.

이히 뫽히테 포어 프로이데 슈프링엔

❃ 기뻐서 날아가고 싶어요.

Ich möchte vor Freude fliegen.

이히 뫽히테 포어 프로이데 플리-겐

❃ 제 생애에 이보다 더 기쁜 적이 없었어요.

Ich war niemals glücklicher als jetzt.

이히 봐 니-말스 글뤽글리혀 알스 옛츠트

* 날아갈 듯해.
Ich werde fliegen.
이히 붸어데 플리-겐

* 기분 끝내주는군!
Ich fühle mich fantastisch!
이히 퓔레 미히 퐌타스티쉬

* 너무 기뻐서 말이 안 나와요.
Ich kann vor Freude nicht reden.
이히 칸 포어 프로이데 니히트 레덴

* 제 아들이 성공해서 무척 기뻐요.
Ich freue mich sehr, dass mein Sohn erfolgreich ist.
이히 프로이에 미히 제어 다쓰 마인 존 에어폴그라이히 이스트

* 더 이상 기쁠 수 없을 거야.
Wie könnte ich glücklicher sein?
뷔 퀸테 이히 글뤽글릭혀 자인

Abschnitt **2** 즐거울 때

* 즐거워요.
Glücklich!
글뤽글리히

* 정말 즐거워요!
Sehr glücklich!
제어 글뤽글리히

* 좋아서 미치겠어요.
Ich werde verrückt vor Freude.
이히 붸어데 풰뤽트 포어 프로이데

✿ 오! 정말 기분이 좋군!
Oh! Ich fühle mich sehr glücklich!
오 이히 퓔레 미히 제어 글뤽글리히

✿ 콧노래라도 부르고 싶은 기분입니다.
Ich habe Lust, ein Lied zu summen.
이히 하베 루스트 아인 리-트 추 줌멘

✿ 난 정말로 만족스러워.
Ich bin sehr zufrieden.
이히 빈 제어 추프리-덴

✿ 마음이 아주 편안해요.
Ich fühle mich sehr gut.
이히 퓔레 미히 제어 굿

✿ 그 소식을 들으니 정말 기쁩니다.
Ich freue mich, die Nachricht zu hören.
이히 프로이에 미히 디 나흐릭히트 추 회렌

✿ 대단한 소식이야!
Was für eine schöne Nachricht!
봐스 퓌어 아이네 쉐네 나흐릭히트

✿ 듣던 중 반가운데요.
Ich freue mich, die Nachricht zu hören.
이히 프로이에 미히 디 나흐릭히트 추 회렌

✿ 그거 반가운 소식이군요.
Das ist eine gute Nachricht!
다스 이스트 아이네 구테 나흐릭히트

✴ 만세!
Hurra!
후라

✴ 브라보!
Bravo!
브라보

✴ 야, 만세!
Oh, Bravo!
오 브라보

✴ 알았어, 알겠다고.
Ich weiß.
이히 봐이쓰

✴ 나한테 그거 말하지 마.
Sag es mir nicht!
작 에스 미어 니히트

✴ 당신 때문에 미치겠어요.
Ich werde wegen dir verrückt.
이히 붸어데 붸겐 디어 퓈뤽트

✴ 더 이상은 못 참겠어요(됐습니다).
Ich kann es nicht mehr aushalten.
이히 칸 에스 니히트 메어 아우스할텐

Teil 04 | 거리낌없는 감정 표현

❋ 미치겠어요.
Ich werde verrückt.
이히 붸어데 풰뤽트

❋ 너무 화가 나서 터질 것만 같아.
Ich bin so sauer, dass ich explodieren könnte.
이히 빈 조 자우어 다쓰 이히 엑스플로디-렌 퀸테

❋ 참는 것도 한도가 있어요.
Geduld hat eine Grenze.
게둘트 핱 아이네 그렌체

❋ 그 사람을 볼 때마다 열 받아요.
Ich werde sauer, immer wenn ich ihn sehe.
이히 붸어데 자우어 임머 붼 이히 인 제에

Abschnitt 6 상대방이 화가 났을 때

❋ 화났어요?
Sind Sie sauer?
진트 지 자우어

❋ 아직도 화나 있어요?
Sind Sie immer noch sauer?
진트 지 임머 노흐 자우어

❋ 그래서 나한테 화가 났어요?
Sind Sie deswegen sauer auf mich?
진트 지 데스붸겐 자우어 아우프 미히

❋ 뭐 때문에 그렇게 씩씩거리니?
Warum bist du so böse?
봐룸 비스트 두 조 뵈세

✿ 왜 그런지 모르겠어요.
Ich weiß nicht warum.
이히 봐이쓰 니히트 봐룸

✿ 그는 몹시 화가 나 있어요.
Er ist sehr sauer.
에어 이스트 제어 자우어

✿ 진정하세요!
Beruhigen Sie sich!
베루이겐 지 지히

✿ 화내지 마세요.
Seien Sie nicht sauer!
자이엔 지 니히트 자우어

✿ 흥분을 가라앉혀.
Beruhige dich.
베루이게 디히

✿ 이성을 잃으면 안 돼.
Verliere deine Vernunft nicht!
풰얼리-레 다이네 풰어눈프트 니히트

✿ 나한테 화내지 마라.
Sei mir nicht sauer!
자이 미어 니히트 자우어

✿ 이런 일에 화낼 필요 없어.
Du musst darüber nicht böse sein.
두 무쓰트 다뤼버 니히트 뵈세 자인

✿ 너무 화내지 마.
Sei nicht so sauer!
자이 니히트 조 자우어

✿ 진정해. 이 정도도 다행이지 뭐.
Beruhige dich! Es ist zumindest nicht schlimmer geworden.
베루이게 디히 에스 이스트 추민데스트 니히트 슐림머 게보어덴

✿ 아, 슬퍼요!
Ach, traurig!
아흐 트라우리히

✿ 어머 가엾어라!
Oh, schade!
오 샤데

✿ 저는 비참해요.
Ich fühle mich elend.
이히 퓔레 미히 에-렌드

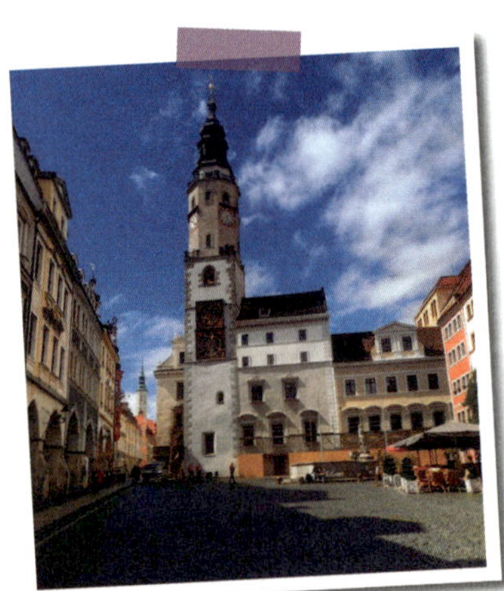

✿ 영화가 너무 슬퍼요.
Der Film ist so traurig.
데어 필름 이스트 조 트라우리히

✿ 슬퍼서 울고 싶은 심정이에요.
Wegen der Traurigkeit will ich weinen
뵈겐 데어 트라우리히카이트 빌 이히 봐이넨

✿ 세상이 꼭 끝나는 것 같아.
Die Welt scheint zu Ende zu gehen.
디 뷀트 샤인트 추 엔데 추 게엔

* 울고 싶어요.
Ich will weinen.
이히 빌 봐이넨

* 저는 우울해요.
Ich bin deprimiert.
이히 빈 데프리미어트

* 저는 희망이 없어요.
Ich habe keine Hoffnung.
이히 하베 카이네 호프눙

* 아무것도 하고 싶은 생각이 없어요.
Ich habe keine Lust, irgendetwas zu tun.
이히 하베 카이네 루스트 이어겐트에트봐스 추 툰

* 저는 지금 절망적인 상태예요.
Ich bin verzweifelt.
이히 빈 풰어츠봐이펠트

* 저를 우울하게 만들지 마세요.
Machen Sie mich nicht schwermütig.
막헨 지 미히 니히트 슈붸어뮈티히

* 내가 당신 옆에서 돌봐 줄게요.
Ich sorge für Sie.
이히 조어게 퓌어 지

✿ 너무 우울해하지 마.
Sei nicht zu traurig!
자이 니히트 추 트라우리히

✿ 기운 내.
Kopf hoch!
코프 호흐

✿ 너는 이겨낼 거야.
Du wirst es überwinden.
두 뷔어스트 에스 위버뷘덴

✿ 슬픔에 굴복해서는 안 돼요.
Geben Sie der Traurigkeit nicht nach!
게벤 지 데어 트라우리히카이트 니히트 나흐

✿ 잠을 자고 슬픔을 잊어버리세요.
Schlafen Sie zuerst und vergessen Sie die Traurigkeit!
슐라펜 지 추에어스트 운트 퓌어게쎈 지 디 트라우리히카이트

✿ 어떻게 견디고 계세요?
Wie ertragen Sie es?
뷔 에어트라겐 지 에스

✿ 부친께서 돌아가셨다니, 참 안됐습니다.
Es tut mir sehr leid, dass Ihr Vater gestorben ist.
에스 투트 미어 제어 라이트 다쓰 이어 퐈타 게슈토어벤 이스트

02 놀라움과 무서움을 나타낼 때

놀라움과 무서운 마음을 표현할 때는 어설프게 흉내를 내는 것보다 자연스럽게 표현하는 게 좋습니다. 흔히 독일인들이 놀라거나 일을 망쳤을 때 Oh mein Gott!이라고 합니다. 또한, überraschen, erstaunen, erschrecken, schockieren, beängstigen 등의 동사는 모두 '(상대를) 놀라게 하다'의 뜻을 가진 타동사이므로 자신이 놀랐을 때는 überrascht sein, erstaunt sein 등처럼 수동태로 표현합니다.

Abschnitt 1 자신이 놀랐을 때

✳ 저런, 세상에!

Oh mein Gott!

오 마인 고트

✳ 하느님 맙소사!

Oh mein Gott!

오 마인 고트

✳ 말도 안 돼!

Unsinn!

운진

✳ 아차!

Ups!

웁스

✳ 어머나!

Ups!

웁스

* 오, 안 돼!
Oh nein!
오 나인

* 세상에(와! 신난다)!
Was für eine Überraschung!(Super!)
봐스 퓌어 아이네 위버라슝(주퍼)

* 아이 깜짝이야!
Ach, eine Überraschung!
아흐 아이네 위버라슝

* 놀랍군요!
Erstaunlich!
에어슈타운리히

* 아이, 깜짝 놀랐잖아.
Ach, überrascht!
아흐 위버라슈트

* 정말 놀랐어.
Ganz überrascht!
간츠 위버라슈트

* 놀라워!
Erstaunlich!
에어슈타운리히

* 믿을 수 없어.
Unglaublich!
운글라우블리히

* 굉장한데!
Super!
수퍼

* 정말 충격이야.
Es ist wirklich ein Schock!
에스 이스트 뷔어클리히 아인 쇼크

* 이거 큰일 났군!
Das ist eine große Peinlichkeit!
다스 이스트 아이네 그로쎄 파인리히카이트

* 놀랍군요!
Erstaunlich!
에어슈타운리히

* 너 때문에 놀랐잖아.
Deinetwegen bin ich überrascht.
다이네트뷔겐 빈 이히 위버라쉬트

* 내 눈을 믿을 수가 없어.
Ich kann meinen Augen nicht glauben.
이히 칸 마이넨 아우겐 니히트 글라우벤

Abschnitt 2 상대방이 놀랐을 때

* 놀랐니?
Bist du überrascht?
비스트 두 위버라쉬트

* 진정해.
Beruhige dich!
베루이게 디히

* 놀라지 마세요.
Seien Sie nicht überrascht!
자이엔 지 니히트 위버라쉬트

✿ 전혀 놀랄 것 없어요.
Sie brauchen gar nicht überrascht zu sein.
지 브라우헨 가 니히트 위버라쉬트 추 자인

✿ 놀랄 것까지는 없어요.
Sie brauchen nicht überrascht zu sein.
지 브라우헨 니히트 위버라쉬트 추 자인

✿ 여러분, 침착하세요. 놀랄 거 없어요.
Achtung bitte, bleiben Sie bitte ruhig! Sie brauchen nicht überrascht zu sein.
악흐퉁 비테 블라이벤 지 비테 루이히 지 브라욱헨 니히트 위버라쉬트 추 자인

✿ 앉아서 긴장을 푸는 게 좋겠어요.
Es ist besser, sich zu setzen und sich zu entspannen.
에스 이스트 베써 지히 추 젯첸 운트 지히 추 엔트슈판넨

✿ 숨을 깊이 들이쉬세요.
Atmen Sie tief ein!
아트멘 지 티프 아인

| Abschnitt | **3** | 믿기지 않을 때 |

✿ 정말?
Wirklich?
뷔어클리히

✿ 믿을 수 없어!
Unglaublich!
운글라우블리히

✿ 설마! 믿을 수 없어.
Niemals! Unglaublich!
니-말스 운글라우블리히

✿ 농담하시는 건가요?

Machen Sie einen Scherz?

막헨 지 아이넨 쉐어츠

✿ 진심인가요?

Meinen Sie das ehrlich?

마이넨 지 다스 에얼리히

✿ 그것은 금시초문인데요.

Ich höre das zum ersten Mal.

이히 회레 다스 춤 에어스텐 말

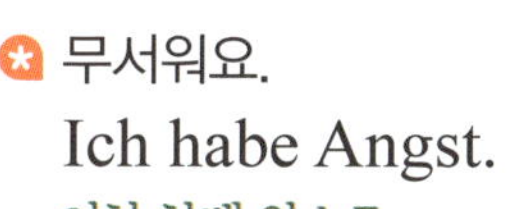

Abschnitt 4 무서울 때

✿ 무서워요.

Ich habe Angst.

이히 하베 앙스트

✿ 그 생각만 하면 무서워요.

Schon der Gedanke daran macht mir Angst.

숀 데어 게당케 다란 마흐트 미어 앙스트

✿ 등골에 땀이 나요.

Der Schweiß fließt mir den Rücken hinunter.

데어 슈바이쓰 플리쓰트 미어 덴 뤽켄 히운터

✿ 정말 무서운 영화였어.

Das war ein sehr gruseliger Film.

다스 봐 아인 제어 그루-젤리거 퓔름

✿ 간 떨어질 뻔했어요.

Ich habe fast einen Infarkt bekommen.

이히 하베 퐈스트 아이넨 인퐈-크트 베컴멘

✿ 그것 때문에 소름이 끼쳤어요.
Ich habe deswegen eine Gänsehaut bekommen.
이히 하베 데스붸겐 아이네 겐제하우트 베컴멘

✿ 내 팔에 소름 끼치는 것 좀 보세요.
Sehen Sie die Gänsehaut auf meinem Arm.
제엔 지 디 겐제하우트 아우프 마이넴 암

✿ 무서운 생각이야.
Das ist ein unheimlicher Gedanke.
다스 이스트 아인 운하임릭혀 게당케

✿ 난 무서워서 아무것도 할 수가 없었어.
Ich kann vor Angst nichts tun.
이히 칸 포어 앙스트 니히츠 툰

Abschnitt **5** 진정시킬 때

✿ 무서워하지 마세요.
Haben Sie keine Angst!
하벤 지 카이네 앙스트

✿ 진정하세요.
Beruhigen Sie sich!
베루이겐 지 지히

✿ 두려워하지 마세요!
Haben Sie keine Angst!
하벤 지 카이네 앙스트

03 근심과 격려를 나타낼 때

위로하는 방법에도 여러 가지가 있습니다. 상대방이 Ich bin traurig.(슬퍼요.)라고 말하면, Es wird gut gehen. (반드시 잘될 거예요.)라고 격려합니다. 상대에게 용기를 북돋아 줄 수 있는 Das ist schrecklich. (심하네요.) / Es ist schade! (유감이군요.) 등도 많이 쓰이는 표현입니다.

Abschnitt **1** 걱정을 물을 때

❂ 무슨 일이야?
Was ist los?
봐스 이스트 로스

❂ 뭣 때문에 괴로워하고 있는 거야(고민거리가 뭡니까)?
Worüber machst du dir Sorgen? (Was haben Sie für Sorgen?)
보뤼버 막스트 두 디어 조어겐 (봐스 하벤 지 퓌어 조어겐)

❂ 걱정되는 일이라도 있으세요?
Haben Sie irgendein Problem?
깁트 에스 안라쯔 추어 조어겐

❂ 무슨 일로 걱정하세요?
Worüber machen Sie sich Sorgen?
보뤼버 막헨 지 지히 조어겐

❂ 집에 무슨 일이 있으세요?
Was ist zu Hause los?
봐스 이스트 추 하우제 로스

✿ 뭘 그리 초조해하고 있니?
Was macht dich so nervös?
봐스 마흐트 디히 조 네어뵈스

✿ 무슨 일이세요?
Was ist los?
봐스 이스트 로스

✿ 안색이 형편없군요.
Sie sehen schlecht aus.
지 제엔 슐레히트 아우스

✿ 걱정되는 일이 있었나요?
Gab es Anlass zur Sorgen?
갑 에스 안라쓰 추 조어겐

✿ 왜 그러세요? 몸이 편찮으세요?
Wieso? Sind Sie krank?
뷔조 진트 지 크랑크

✿ 피곤해 보이는데 웬일인가요?
Sie sehen müde aus. Wieso?
지 제엔 뮈데 아우스 뷔조

✿ 오늘 창백해 보여요. / 오늘 안색이 안 좋아 보여요.
Sie sehen heute blass aus. / Sie sehen heute nicht gut aus.
지 제엔 호이테 블라쓰 아우스 / 지 제엔 호이테 니히트 굳 아우스

✿ 저는 이제 어떡하죠?
Was soll ich jetzt tun?
봐스 졸 이히 옛츠트 툰

✿ 우울해 보이네요.
Sie sehen deprimiert aus.
지 제엔 데프리미어트 아우스

✱ 걱정하지 마세요.
Machen Sie sich keine Sorgen!
막헨 지 지히 카이네 조어겐

✱ 좋아질 거예요.
Es wird besser.
에스 뷔어트 베써

✱ 그런 걱정은 잊어버리세요.
Vergessen Sie solche Sorgen!
풔어게쎈 지 졸혜 조어겐

✱ 긍정적으로 생각하세요.
Denken Sie bitte positiv!
뎅켄 지 비테 포지티브

✱ 그것은 문제없어요.
Das ist kein Problem.
다스 이스트 카인 프로블램

✱ 물론, 확실합니다.
Natürlich bin ich sicher.
나튜얼리히 빈 이히 직혀

✱ 자, 걱정할 것 없어요.
Komm schon, keine Sorge!
컴 숀 카이네 조어게

✱ 부담스럽게 생각하지 마세요.
Belasten Sie sich nicht!
벨라스텐 지 지히 니히트

✸ 낙담하지 마세요.
Seien Sie nicht entmutigt!
자이엔 지 니히트 엔트무-틱트

✸ 당신의 마음을 잘 알아요.
Ich kenne Ihre Meinung gut.
이히 켄네 이-레 마이눙 귵

✸ 걱정 말고 말해요.
Sagen Sie es bitte ohne Sorgen!
자겐 지 에스 비테 오네 조어겐

✸ 없는 것보다는 낫잖아요.
Es ist besser als nichts.
에스 이스트 베써 알스 니히츠

Abschnitt **3** 격려할 때

✸ 자, 힘을 내. 너는 할 수 있어.
Komm schon, Kopf hoch! Du kannst es!
컴 숀 코프 호흐 두 칸스트 에스

✸ 기운 내!
Kopf hoch!
코프 호흐

✸ 좀 더 힘내세요!
Kopf hoch und weiter!
코프 호흐 운트 봐이터

✸ 진정하세요.
Beruhigen Sie sich!
베루이겐 지 지히

* 자, 기운을 내세요!
Komm schon, Kopf hoch!
컴 숀 코프 호흐

* 행운을 빌게!
Viel Glück!
휠 글릭

* 힘내라!
Toi toi toi!
토이 토이 토이

* 포기하면 안 돼요.
Geben Sie nicht auf!
게벤 지 니히트 아우프

* 너라면 할 수 있어!
Du kannst das schaffen!
두 칸스트 다스 샤펜

* 자신을 가져요.
Seien Sie mutig!
자이엔 지 무티히

* 힘내, 파이팅!
Kopf hoch, toi toi toi!
코프 호흐 토이 토이 토이

* 나는 네 편이야.
Ich bin an deiner Seite.
이히 빈 안 다이너 자이테

135

자신의 감정을 솔직히 나타내 보이는 것은 상대방과 친밀해질 수 있는 좋은 방법입니다. 상황에 맞는 표현과 함께 억양, 강세, 표정 등을 덧붙이는 게 중요합니다. 부정적인 감정을 나타내는 형용사에는 schrecklich, furchtbar(진짜 싫은, 심한), langweilich(지루한), ekelhaft, widerlich(구역질 나는) 등이 있습니다.

Abschnitt 1 귀찮을 때

아, 귀찮아!
Ach, ich habe keinen Bock!
아흐 이히 하베 카이넨 복

정말 귀찮군!
Sehr ermüdend!
제어 에어뮈덴트

누굴 죽일 생각이세요?
Wollen Sie mich umbringen?
뷜렌 지 미히 움브링엔

너 진짜 짜증나게 한다. (구어)
Du nervst mich.
두 네어프스트 미히

또 시작이군.
Es beginnt wieder!
에스 베긴트 뷔더

✿ 나 지금 바빠. 제발 저리 좀 비켜라.

Ich habe viel zu tun. Bitte, geh weg!

이히 하베 필 추 툰 비테 게 벡

✿ 당신 또 불평이군요.

Sie beschweren sich wieder.

지 베슈베렌 지히 뷔더

✿ 무엇을 불평하고 계십니까?

Worüber beschweren Sie sich?

보뤼버 베슈베렌 지 지히

✿ 너무 투덜거리지 마!

Beschwere dich nicht zu viel!

베슈베레 디히 니히트 추 필

✿ 좀 쉬지 그래?

Wieso machst du keine Pause?

뷔조 막스트 두 카이네 파우제

✿ 불평불만 좀 그만해.

Beschwere dich nicht mehr!

베슈베레 디히 니히트 메어

✿ 이제 그만 좀 불평해.

Beschwere dich nun nicht mehr!

베슈베레 디히 눈 니히트 메어

✿ 그만 좀 불평해.

Beschwere dich nicht mehr!

베슈베레 디히 니히트 메어

❀ 저로서는 불만입니다.

Für mich ist es nicht befriedigend.

퓌어 미히 이스트 에스 니히트 베프리디겐드

❀ 나한테 불만 있어요

Sind Sie mit mir unzufrieden?

진트 지 밑 미어 운추프리덴

❀ 뭐가 그렇게 불만족스러운가요?

Warum sind Sie so unzufrieden?

봐룸 진트 지 조 운추프리덴

❀ 진짜 지겹다, 지겨워.

Es ist sehr langweilig!

에스 이스트 제어 랑바일리히

❀ 하는 일에 싫증나지 않으세요?

Langweilen Sie sich nicht auf Ihrer Arbeit?

랑봐일렌 지 지히 니히트 아우프 이-러 아르바이트

❀ 이젠 일에 싫증이 나요.

Es langweilt mich auf der Arbeit.

에스 랑봐일트 미히 아우프 데어 아르바이트

❀ 따분하죠, 그렇죠?

Es ist langweilig, nicht wahr?

에스 이스트 랑봐일리히 니히트 봐

* 지루해 죽겠어요.

Es langweilt mich sehr.
에스 랑봐일트 미히 제어

* 그건 생각만 해도 지긋지긋해요.

Sogar der Gedanke daran ist schrecklich!
조가 데어 게당케 다란 이스트 슈렉클리히

* 맥이 빠지는군!

Enttäuscht!
엔토이쉬트

* 이 일은 해도 해도 한이 없군.

Diese Arbeit nimmt kein Ende!
디제 아르바이트 님트 카인 엔데

* 이것보다 더 지루한 일이 있을까

Gibt es etwas Langweiligeres als dies?
깁트 에스 에트봐스 랑봐일리거레스 알스 디스

Abschnitt	**5**	짜증날 때

* 정말 짜증스러워요.

Das ist nervig.
다스 이스트 네어퓔

* 그는 매우 짜증나게 해.

Er geht mir auf die Nerven.
에어 게-트 미어 아우프 디 네어풴

* 정말 스트레스 쌓이는군!

Ich habe zu viel Stress!
이히 하베 추 퓔 슈트레스

05 감탄과 칭찬을 할 때

상대를 칭찬할 경우에는 Sie sind ein sehr guter Tennisspieler.(테니스를 잘 치시네요.) 등처럼 말합니다. 만약 당신이 칭찬을 받았다면 Oh, ich bin geschmeichelt(오, 과찬이십니다.) 라고 말하면 될 것입니다. 참고로 Sie sehen so toll(gut, schön) aus.(당신 멋져요.) 등도 칭찬할 때 쓰이는 말입니다.

Abschnitt 1 감탄의 기분을 나타낼 때

✿ 멋지네요! / 훌륭합니다!

Toll!

톨

✿ 와, 정말 아름답네요!

Ach, sehr schön!

아흐 제어 쉔

✿ 경치가 멋지네요!

Was für eine schöne Landschaft!

봐스 퓌어 아이네 쇠네 란트샤프트

✿ 맛있네요!

Es schmeckt gut!

에스 슈멕트 굿

✿ 잘했어요!

Gut gemacht!

굿 게막흐트

✿ 재미있네요!

Interessant!

인테레쌴트

✿ 엄청나네요!

Fantastisch!

퐌타스티쉬

✿ 멋진 그림이군요!

Was für ein schönes Bild!

봐스 퓌어 아인 쉐네스 빌트

✿ 정말 날씨가 좋죠!

Was für ein schöner Tag!

봐스 퓌어 아인 쉐너 탁

✿ 아름다운 꽃이죠!

Was für eine schöne Blume!

봐스 퓌어 아이네 쉐네 블루메

Abschnitt 2 능력과 성과를 칭찬할 때

✿ 대단하군요!

Fantastisch!

퐌타스티쉬

✿ 잘하시는군요!

Sie machen das gut!

지 막헨 다스 궅

✿ 잘하셨어요!

Gut gemacht!

궅 게막흐트

* 정말 훌륭하군요!
Ganz toll!
간츠 톨

* 참 잘하셨어요.
Sehr gut gemacht!
제어 구트 게막흐트

* 나는 당신이 자랑스럽습니다.
Ich bin stolz auf Sie.
이히 빈 슈톨츠 아우프 지

* 초보로서는 상당히 잘하는군요.
Sie sind sehr gut für einen Anfänger.
지 진트 제어 굳 퓌어 아이넨 안뻉어

* 아주 잘하고 있어요.
Sie machen es sehr gut.
지 막헨 에스 제어 굳

Abschnitt 3 외모를 칭찬할 때

* 당신은 정말 신사이군요.
Sie sind wirklich ein Gentleman!
지 진트 뷔어클리히 아인 젠틀맨

* 멋있군요!
Schön!
쉔

* 나이에 비해 젊어 보이시는군요.
Sie sehen jung für Ihr Alter aus!
지 제엔 융 퓌어 이어 알터 아우스

* 아이가 참 귀엽군요!
Das Kind ist sehr süß!
다스 킨트 이스트 제어 쥐쓰

* 당신은 눈이 참 예쁘군요.
Ihre Augen sind sehr schön!
이-레 아우겐 진트 제어 쉔

* 어마, 멋있군요!
Ach, Schön!
아흐 쉔

* 그거 참 잘 어울립니다.
Das steht Ihnen sehr gut.
다스 슈테-트 이넨 제어 굳

* 사진보다 실물이 더 예쁘네요.
Die Realität ist schöner als das Bild!
디 레알리테트 이스트 쉐너 알스 다스 빌트

* 건강해 보이시는군요.
Sie sehen gesund aus!
지 제엔 게준트 아우스

* 어쩜 그렇게 날씬하세요?
Wie können Sie so schlank sein?
뷔 쾬넨 지 조 슐랑크 자인

* 나는 당신에게 반했습니다.
Ich verliebe mich in dich.
이히 퓌어리-베 미히 인 디히

* 인기가 대단하시겠어요.
Sie sind sehr beliebt!
지 진트 제어 벨립-트

✿ 기억력이 참 좋으시군요.
Sie haben eine gute Erinnerungskraft.
지 하벤 아이네 구테 에어인네룽스크라프트

✿ 당신은 모르는 게 없군요.
Es gibt nichts, was Sie nicht wissen.
에스 깁트 니히츠 봐스 지 니히트 뷔쎈

✿ 못하는 게 없으시군요.
Es gibt nichts, was Sie nicht können.
에스 깁트 니히츠 봐스 지 니히트 쾬넨

✿ 당신의 입장이 부럽습니다.
Ich bin neidisch auf Ihre Stellung.
이히 빈 나이디쉬 아우프 이-레 슈텔룽

✿ 어떻게 그렇게 영어를 잘하십니까?
Wie können Sie so gut Englisch sprechen?
뷔 쾬넨 지 조 굳 엥리쉬 슈프렉헨

✿ 마치 미국 사람처럼 영어를 잘하십니다.
Sie sprechen Englisch so gut wie ein Amerikaner.
지 슈프렉헨 엥리쉬 조 굳 뷔 아인 아메리카너

✿ 그거 잘 사셨군요.
Das haben Sie gut gekauft.
다스 하벤 지 굳 게카우프트

✿ 그거 정말 좋은데요.
Das ist sehr gut.
다스 이스트 제어 굳

✿ 정말 근사한데요!
Sehr wunderbar!
제어 분더봐

✿ 멋진 집을 갖고 계시군요.
Sie haben ein schönes Haus.
지 하벤 아인 쉐네스 하우스

Abschnitt 6 친절과 성격에 대해 칭찬할 때

✿ 친절하기도 하셔라!
Sehr freundlich von Ihnen!
제어 프로인틀리히 폰 이넨

✿ 친절도 하시네요.
Sehr freundlich von Ihnen!
제어 프로인틀리히 폰 이넨

✿ 잘 지적해 주셨어요.
Sie haben gute Hinweise gegeben.
지 하벤 구테 힌봐이제 게게벤

✿ 어려운 결심을 하셨군요.
Sie haben sich schwer entschieden.
지 하벤 지히 슈베어 엔트쉬-덴

✿ 당신은 참 부지런하시군요, 그렇죠?
Sie sind sehr fleißig, nicht wahr?
지 진트 플라이씩 니히트 봐

✿ 당신은 참 인사성이 밝으시군요.
Sie sind sehr höflich!
지 진트 제어 회플리히

✿ 칭찬해 주시니 고맙습니다.
Ich danke für Ihr Lob.
이히 당케 퓌어 이어 롭

✿ 과찬의 말씀입니다.
Ich verdiene das Lob nicht.
이히 퓌어디-네 다스 롭 니히트

✿ 너무 치켜세우지 마세요.
Loben Sie mich bitte nicht zu viel!
로벤 지 미히 비테 니히트 추 퓔

✿ 비행기 태우지 마세요.
Loben Sie mich bitte nicht zu viel!
로벤 지 미히 비테 니히트 추 퓔

✿ 그렇게 말씀해 주시니 고맙습니다.
Ich danke Ihnen für Ihre Worte.
이히 당케 이넨 퓌어 이-레 보어테

❁ 계절

봄	Frühling	퓌룰링	가을	Herbst	헤릅스트
여름	Sommer	솜머	겨울	Winter	뷘터

146

06 비난과 책망을 할 때

비난을 하거나 말싸움을 하거나 상대를 꾸짖는 표현은 외국인 입장에서는 사용할 기회가 별로 없을 것입니다. 하지만 만남에서 항상 좋은 일만 있을 수 없습니다. 따라서 이러한 표현은 만약을 대비해서 익혀 두면 적절하게 활용할 수 있습니다. 상대방의 말이 지나칠 경우에는 Wie wagst du es, mir sowas zu sagen?(나한테 어떻게 그런 말을 할 수 있어?)라고 따끔하게 한 마디 해 두는 것도 잊지 맙시다.

Abschnitt 1 비난할 때

✱ 창피한 줄 아세요.
Schämen Sie sich!
셰멘 지 지히

✱ 당신 정신 나갔어요?
Sind Sie verrückt?
진트 지 풰뤽트

✱ 당신은 바보로군요.
Sie sind ein Dummkopf.
지 진트 아인 둠코프

✱ 당신 미쳤군요.
Sie sind verrückt.
지 진트 풰뤽트

✱ 왜 이런 식으로 행동하죠?
Warum verhalten Sie sich so?
봐룸 풰어할텐 지 지히 조

* 그 사람 말을 믿다니 당신도 어리석군요.
Sie sind dumm, ihm zu glauben.
지 진트 둠 임 추 글라우벤

* 너도 마찬가지야!
Du bist auch gleich!
두 비스트 아우흐 글라이히

* 저질!
Schwein!
슈바인

* 바보 짓 하지 마!
Mach keine Dummheiten!
마흐 카이네 둠하이텐

* 정말 뻔뻔하군!
Ganz frech!
간츠 프레히

* 도대체 무슨 생각으로 그러세요!
Warum machen Sie das denn?
봐룸 막헨 지 다스 덴

* 진짜 유치하군.
Ganz kindisch.
간츠 킨디쉬

* 그는 정말 멍청해.
Er ist so dumm.
에어 이스트 조 둠

* 뭐라고! 그것도 몰라?
Was? Weißt du das selbst nicht?
봐스 봐이쓰트 두 다스 젤프스트 니히트

* 바보나 그렇게 하겠다.
Nur ein Dummkopf macht das.
누어 아인 둠코프 막흐트 다스

* 당신 할 줄 아는 게 뭐예요?
Wozu sind Sie imstande?
보추 진트 지 임슈탄데

* 너 내 말대로 해!
Du, tue was ich sage!
두 투 봐스 이히 자게

* 이봐요! 목소리 좀 낮춰요!
Senken Sie Ihre Stimme!
젱켄 지 이-레 슈팀메

* 바보 같은 소리 하지 마세요.
Reden Sie keinen Quatsch!
레덴 지 카이넨 크봣취

* 당신한테 이야기할 게 있어요.
Ich möchte mit Ihnen darüber diskutieren.
이히 묔히테 밑 이넨 다뤼버 디스쿠티-렌

* 너 두고 보자!
Du, ich mache dich gleich fertig!
두 이히 막헤 디히 글라이히 퓌어티히

* 내가 뭐가 틀렸다는 거야?
Was habe ich falsch gemacht?
봐스 하베 이히 퐐쉬 게막흐트

내가 너한테 뭘 어떻게 했다는 거야?
Was habe ich dir angetan?
봐스 하베 이히 디어 안게탄

네가 완전히 망쳤어.
Du hast alles verdorben.
두 하스트 알레스 풰어도어벤

당신이 잘못한 거예요.
Sie haben es falsch gemacht.
지 하벤 에스 퐐쉬 게막흐트

감히 나한테 어떻게 그렇게 얘기할 수 있어?
Wie wagst du es, mir so etwas zu sagen?
뷔 봑스트 두 에스 미어 조 에트봐스 추 자겐

우리 밖에서 한 판 붙자!
Lass uns draußen kämpfen!
라쓰 운스 드라우쩬 켐펜

덤벼!
Versuche es doch mal!
풰어죽헤 에스 도흐 말

Abschnitt ③ 변명을 할 때

변명하지 마세요.
Machen Sie keine Ausreden!
막헨 지 카이네 아우스레덴

변명은 듣고 싶지 않아.
Ich will keine Ausreden hören.
이히 빌 카이네 아우스레덴 회렌

⚘ 이제 변명은 됐어.

Keine Ausreden mehr!

카이네 아우스레덴 메어

⚘ 그건 변명이 안 돼.

Das ist keine Ausrede.

다스 이스트 카이네 아우스레데

⚘ 억지 변명하지 마세요.

Machen Sie keine offensichtlichen Ausreden!

막헨 지 카이네 오펜지히틀릭헨 아우스레덴

Abschnitt 4 꾸짖을 때

⚘ 다시는 절대 그러지 말게나.

Tu das nie wieder!

투 다스 니 뷔더

⚘ 그런 법이 어디 있어요?

Wieso haben Sie so etwas getan?

뷔조 하벤 지 조 에트봐스 게탄

⚘ 행동으로 옮기든지, 입 다물고 있든지 해!

Tu das oder halt die Klappe!

투 다스 오다 할트 디 클라페

⚘ 너희들 나머지도 다 마찬가지야.

Ihr seid alle gleich.

이어 자이트 알레 글라이히

⚘ 당신 정신 나갔어요?

Sind Sie verrückt?

진트 지 퓌뤽트

✿ 흥분하지 마세요.
Regen Sie sich nicht auf!
레겐 지 지히 니히트 아우프

✿ 이제 됐어요!
Es reicht jetzt.
에스 라이히트 옛츠트

✿ 싸움을 말리지 그랬어요?
Warum haben Sie nicht versucht, den Streit zu schlichten?
봐룸 하벤 지 니히트 풰어죽흐트 덴 슈트라이트 추 슐리히텐

✿ 진정하세요.
Bitte beruhigen Sie sich!
비테 베루이겐 지 지히

✿ 화해하는 게 어때요?
Wie wäre es, wenn Sie sich versöhnen?
뷔 뵈레 에스 벤 지 지히 풰어죄-넨

✿ 그 일은 잊어버리세요.
Bitte, vergessen Sie das!
비테 풰어게쎈 지 다스

✿ 남자 대 남자로 이야기합시다.
Reden wir von Mann zu Mann.
레덴 뷔어 폰 만 추 만

✿ 네가 동생에게 양보해라.
Gib deinem Bruder[deiner Schwester] nach!
깁 다이넴 브루더[다이너 슈베스터] 나흐

Teil 5

일상생활의 화제 표현

독일인은 아침식사로 빵을 즐겨먹습니다. 그래서 독일은 빵이 많이 발달되어 있습니다. 빵에 치즈나 햄을 곁들여 먹는 식이지요. 차나 커피 또한 아침식사에 빠질 수 없습니다. 또한 독일인은 시간을 잘 지키는 것으로 유명합니다. 우리가 흔히 생각하는 독일인의 이미지와 어울립니다.

처음 만났을 때는 지나치게 개인적인 질문을 피하는 게 좋습니다. 그러나 어느 정도 친해진 후에는 Haben Sie Geschwister?(형제자매는 있으세요?) / Wie viele Angehörige hat Ihre Familie?(가족은 몇 분이나 됩니까?) / Wie viele Kinder haben Sie?(아이들은 몇 명이나 됩니까?) 등을 이야기할 수 있습니다.

Abschnitt 1 가족에 대해 말할 때

✽ 가족은 몇 분이나 됩니까?
Wie viele Familienangehörige haben Sie?
뷔 퓔레 퐈밀리엔안게회리게 하벤 지

✽ 식구는 많습니까?
Haben Sie eine große Familie?
하벤 지 아이네 그로쎄 퐈밀리에

✽ 가족에 대해 좀 말씀해 주세요.
Bitte erzählen Sie mir von Ihrer Familie!
비테 에어첼렌 지 미어 폰 이-러 퐈밀리에

✽ 저는 부모님과 잘 지냅니다.
Ich verstehe mit Eltern gut.
이히 풰어슈테에 밑 엘턴 굳

✽ 난 독자예요. 당신은 어때요?
Ich bin das einzige Kind. Und Sie?
이히 빈 다스 아인치게 킨트 운트 지

✱ 가족들이 무척 그리워져요.
Ich vermisse meine Familie.
이히 풰어미쎄 마이네 퐈밀리에

✱ 가족은 저에게 중요합니다.
Familie ist mir wichtig.
퐈밀리에 이스트 미어 뷔히티히

✱ 우리 가족은 매우 화목해요.
Meine Familie lebt in Friede und Eintracht.
마이네 퐈밀리에 렙트 인 프리-데 운트 아인트락흐트

✱ 부모님과 함께 사세요?
Wohnen Sie bei Ihren Eltern?
보넨 지 바이 이-렌 엘턴

✱ 남편은 어떤 일을 하세요?
Was macht Ihr Mann?
봐스 막흐트 이어 만

✱ 아버님은 어떤 일에 종사하시나요?
Was macht Ihr Vater?
봐스 막흐트 이어 퐈타

✱ 당신 어머니는 무슨 일을 하십니까?
Was macht Ihre Mutter?
봐스 막흐트 이-레 무터

✱ 부인이 일을 합니까?
Arbeitet Ihre Frau?
아르바이테트 이-레 프라우

✱ 부모님은 연세가 어떻게 되십니까?
Wie alt sind Ihre Eltern?
뷔 알트 진트 이-레 엘턴

형제자매가 몇 분이세요?
Wie viele Geschwister haben Sie?
뷔 핔레 게슈뷔스터 하벤 지

형이 두 명, 여동생이 한 명입니다.
Ich habe zwei Brüder und eine Schwester.
이히 하베 츠봐이 브뤼더 운트 아이네 슈베스터

형제나 자매가 있습니까?
Haben Sie Geschwister?
하벤 지 게슈뷔스터

아뇨, 없습니다. 독자입니다.
Nein, keine. Ich bin der Einzige.
나인 카이네 이히 빈 데어 아인치게

동생은 몇 살입니까?
Wie alt ist Ihr jüngerer Bruder[Ihre jüngere Schwester]?
뷔 알트 이스트 이어 융어러 브루더/이-레 융어레 슈베스터

저보다 두 살 아래입니다.
Er[Sie] ist zwei Jahre jünger als ich.
에어[지] 이스트 츠봐이 야레 융어 알스 이히

대개는 형과 놀았습니다. 쌍둥이라서요.
Ich habe meistens mit meinem Bruder gespielt. Wir sind Zwillinge.
이히 하베 마이스텐스 밑 마이넴 브루더 게슈필트 뷔어 진트 츠빌링에

미국에 친척 분은 계십니까?
Haben Sie Verwandte in Amerika?
하벤 지 풰어봔테 인 아메리카

Abschnitt 3 자녀에 대해 말할 때

✿ 아이들은 몇 명이나 됩니까?
Wie viele Kinder haben Sie?
뷔 퓔레 킨더 하벤 지

✿ 아이는 언제 가질 예정입니까?
Wann wollen Sie Kinder haben?
봔 뷜렌 지 킨더 하벤

✿ 아이들이 있습니까?
Haben Sie Kinder?
하벤 지 킨더

✿ 자녀가 있습니까?
Haben Sie Kinder?
하벤 지 킨더

✿ 그 애들 이름이 뭐죠?
Wie heißen die Kinder?
뷔 하이쎈 디 킨더

✿ 자녀들은 몇 살입니까?
Wie alt sind Ihre Kinder?
뷔 알트 진트 이-레 킨더

✿ 그 애들은 학교에 다니나요?
Besuchen die Kinder die Schule?
베주헨 디 킨더 디 슐레

✿ 아들은 초등학생입니다.
Mein Sohn ist Grundschüler.
마인 존 이스트 그룬트쉴러

파트타임으로 일하는 경우에는 Ich arbeite teilzeit beim Kaufhaus.(백화점에서 파트타임으로 일합니다.)로 대답하며, 상대가 회사에서 일하고 있을 때는 Was machen Sie in der Firma?(그 회사에서 어떤 일을 하고 계십니까?)라는 질문으로 일의 내용을 알 수 있습니다. 이에 대해 Ich arbeite in der Planungsabteilung.(기획부에서 일합니다.)라고 대답하면 됩니다.

Abschnitt **1** 직장에 대해 말할 때

❋ 어디서 근무하세요?
Wo arbeiten Sie?
보 아르바이텐 지

❋ 어느 회사에 근무하십니까?
In welcher Firma arbeiten Sie?
인 뷀혀 퓌어마 아르바이텐 지

❋ 회사는 어디에 있습니까?
Wo ist Ihre Firma?
보 이스트 이-레 퓌어마

❋ 직책이 무엇입니까?
Was ist Ihre Position?
봐스 이스트 이-레 포지치온

❋ 그 회사에서 무슨 일을 하십니까?
Was machen Sie in der Firma?
봐스 막헨 지 인 데어 퓌어마

✱ 저는 기획부에서 일해요.

Ich arbeite in der Planungsabteilung.

이히 아르바이테 인 데어 플라눙스압타일룽

Abschnitt 2 근무에 대해 말할 때

✱ 거기서 근무하신 지는 얼마나 됐습니까?

Wie lange haben Sie schon dort gearbeitet?

뷔 랑에 하벤 지 숀 도어트 게아르바이테트

✱ 회사는 언제 입사하셨습니까?

Wann sind Sie in die Firma eingetreten?

봔 진트 지 인 디 뷔어마 아인게트레텐

✱ 근무 시간이 어떻게 됩니까?

Wie ist Ihre Arbeitszeit?

뷔 이스트 이-레 아르바이츠차이트

✱ 저희는 격주로 토요일에는 쉽니다.

Wir haben jeden zweiten Samstag frei.

뷔어 하벤 예덴 츠봐이텐 잠스탁 프라이

✱ 내일은 쉬어요.

Morgen ist frei.

모어겐 이스트 프라이

✱ 저는 오늘 밤 야근이에요.

Ich habe heute Nachtdienst.

이히 하베 호이테 낙흐트딘스트

✿ 급여를 어떤 식으로 받으세요?
In welcher Weise bekommen Sie Ihr Gehalt?
인 뷀혀 봐이제 베컴멘 지 이어 게할트

✿ 연봉이 얼마나 됩니까?
Wie hoch ist Ihr Jahresgehalt?
뷔 호흐 이스트 이어 야-레스게할트

✿ 봉급날이 언제입니까?
Wann ist Zahltag?
봔 이스트 찰-탁

✿ 오늘이 월급날이에요.
Heute ist Zahltag.
호이테 이스트 찰-탁

✿ 제 급여는 쥐꼬리만 해요.
Mein Gehalt ist winzig.
마인 게할트 이스트 뷘치히

✿ 일하는 시간에 비하면 매우 낮아요.
Mein Gehalt ist sehr gering für die Arbeitszeit.
마인 게할트 이스트 제어 게링 퓌어 디 아르바이츠차이트

✿ 내년에는 승진하길 바랍니다.
Ich wünsche Ihnen eine Beförderung im nächsten Jahr.
이히 뷘셰 이넨 아이네 베푀어더룽 임 넥스텐 야

✿ 저 부장으로 승진했어요.
Ich wurde zum Abteilungsleiter befördert.
이히 부어데 춤 압타일룽스라이터 베푀어더트

✿ 우리 회사에서는 승진하기가 어려워요.
Es ist schwer, in meiner Firma befördert zu werden.
에스 이스트 슈베어 인 마이너 퓌어마 베푀어더트 추 뵈어덴

✿ 그에게는 강력한 후원자가 있어요.
Er hat einen starken Unterstützer.
에어 핱 아이넨 슈타-켄 운터슈튓처

✿ 그의 승진은 이례적이었어요.
Seine Beförderung war ungewöhnlich.
자이네 베푀어더룽 봐 운게뵌리히

✿ 승진은 성적에 달렸어요.
Beförderung hängt von der Leistung ab.
베푀어더룽 헹트 폰 데어 라이스퉁 압

Abschnitt **5** 출퇴근에 대해 말할 때

✿ 어떻게 출근하세요?
Wie gehen Sie zur Arbeit?
뷔 게엔 지 추어 아르바이트

✿ 대개 지하철을 이용해서 출근해요.
Meistens fahre ich mit der U-Bahn zur Arbeit.
마이스텐스 퐈레 이히 밑 데어 우-반 추어 아르바이트

✿ 출근하는 데 시간이 얼마나 걸려요?
Wie lang dauert es zum Arbeitsplatz?
뷔 랑 다우어트 에스 춤 아르바이츠플랏츠

❉ 몇 시까지 출근합니까?
Bis um wie viel Uhr gehen Sie zur Arbeit?
비스 움 뷔 퓔 우어 게엔 지 추어 아르바이트

❉ 사무실이 집에서 가까워요.
Das Büro ist nah von zu Hause.
다스 뷔로 이스트 나 폰 추 하우제

❉ 지각한 적은 없습니까?
Sind Sie nie zu spät gekommen?
진트 지 니- 추 슈페트 게컴멘

❉ 몇 시에 퇴근하십니까?
Um wie viel Uhr machen Sie Feierabend?
움 뷔 퓔 우어 막헨 지 퐈이어아벤트

Abschnitt   6   휴가에 대해 말할 때

❉ 휴가는 며칠이나 됩니까?
Wie viele Tage haben Sie Urlaub?
뷔 퓔레 타게 하벤 지 우얼라우프

❉ 휴가 기간은 얼마나 됩니까?
Wie lang haben Sie Urlaub?
뷔 랑 하벤 지 우얼라우프

❉ 당신의 휴가는 언제 시작되죠?
Wann beginnt Ihr Urlaub?
봔 베긴트 이어 우얼라우프

❉ 휴가 언제 떠나세요?
Wann fahren Sie in den Urlaub?
봔 퐈-렌 지 인 덴 우얼라우프

✿ 너무 바빠서 휴가를 가질 여유가 없어요.

Ich habe wenig Zeit für Urlaub, weil ich viel zu tun habe.

이히 하베 뵈니히 차이트 퓌어 우얼라우프 바일 이히 퓔 추 툰 하베

✿ 휴가 계획을 세우셨어요?

Haben Sie Urlaubspläne gemacht?

하벤 지 우얼라웁스플레네 게막흐트

Abschnitt 7 상사에 대해 말할 때

✿ 상사가 누구입니까?

Wer ist Ihr Chef?

뵈어 이스트 이어 셰프

✿ 당신 상사와의 사이가 어떠세요?

Wie stehen Sie zu Ihrem Chef?

뷔 슈테엔 지 추 이-렘 셰프

✿ 저는 제 상사를 존경합니다.

Ich respektiere meinen Chef.

이히 레스펙티-레 마이넨 셰프

✿ 그분은 매우 관대합니다.

Er ist sehr großzügig.

에어 이스트 제어 그로쓰취긱

✿ 그는 잔소리가 심해요.

Er ist zu nörgelig.

에어 이스트 추 뇌어겔릭

✿ 당신 상사와의 관계는 어떠십니까?

Wie stehen Sie zu Ihrem Chef?

뷔 슈테엔 지 추 이-렘 셰프

❋ 도대체 왜 사직하셨어요?

Warum haben Sie denn gekündigt?

봐룸 하벤 지 덴 게퀸딕트

❋ 당신 회사는 정년이 몇 살입니까?

Wann ist das Rentenalter in Ihrer Firma?

반 이스트 다스 렌텐알터 인 이-러 퓌어마

❋ 그만두기로 결심했어요.

Ich habe mich entschieden zu kündigen.

이히 하베 미히 엔트쉬-덴 추 퀸디겐

❋ 이 일에는 안 맞는 것 같아요.

Dieser Job passt zu mir nicht gut.

디저 잡 파쓰트 추 미어 니히트 굳

❋ 언제 퇴직하십니까?

Wann gehen Sie in Rente?

반 게엔 지 인 렌테

❋ 저는 지금 놀고 있습니다.

Ich bin arbeitslos.

이히 빈 아르바이츨로스

❋ 저는 해고됐어요.

Ich wurde entlassen.

이히 부어데 엔틀라쎈

Kapitel **03** 학교에 대해서

독일에서는 초등학교에서부터 고교까지 통합해서 학년을 말하는 경우가 많기 때문에 중학 1학년은 5학년이라고 하게 됩니다. 또한 학년에 대해서 ~ (서수) Klasse(~학년)를 사용해서 Mein Sohn ist in der zwölften Klasse(제 아들은 12학년입니다.)라고 할 수 있습니다. 참고로 졸업생을 말할 때 일반적으로 Absolvent라고 합니다.

Abschnitt **1** 출신학교에 대해 말할 때

❋ 어느 학교에 다니십니까?

Welche Schule besuchen Sie?

뷀혜 슐레 베죽헨 지

❋ 어느 대학에 다니십니까?

Welche Universität besuchen Sie?

뷀혜 우니베어시테트 베죽헨 지

❋ 저는 서울대학생입니다.

Ich bin ein Student an der Seoul National Universität.

이히 빈 아인 슈투덴트 안 데어 서울 나치오날 우니베어시테트

❋ 몇 학년입니까?

In welcher Klasse sind Sie?

인 뷀혀 클라쎄 진트 지

❋ 어느 학교를 졸업하셨습니까?

Welche Schule haben Sie absolviert?

뷀혜 슐레 하벤 지 압솔비어트

✿ 그녀는 고등학교를 갓 나왔습니다.
Sie hat gerade die Oberschule absolviert.
지 핟 게라데 디 오버슐레 압솔비어트

✿ 그는 고등학교 중퇴자입니다.
Er ist Oberschul-Abbrecher.
에어 이스트 오버슐 압브렉혀

✿ 그는 대학중퇴자입니다.
Er ist Uni-Abbrecher.
에어 이스트 우니 압브렉혀

Abschnitt	2	학년에 대해 말할 때

✿ 몇 학년이세요?
In welcher Klasse sind Sie?
인 뷀혀 클라쎄 진트 지

✿ 저보다 3년 선배이시군요.
Sie sind mein Vorgänger von vor drei Jahren.
지 진트 마인 포어겡어 폰 포어 드라이 야렌

✿ 그는 제 학교 선배입니다.
Er ist ein Vorgänger meiner Schule.
에어 이스트 아인 포어겡어 마이너 슐레

Abschnitt	3	전공에 대해 말할 때

✿ 대학교 때 전공이 무엇이었습니까?
Was haben Sie an der Uni studiert?
봐스 하벤 지 안 데어 우니 슈투디어트

✿ 무얼 전공하십니까?
Was studieren Sie?
바스 슈투디-렌 지

✿ 어떤 학위를 가지고 계십니까(학위가 뭡니까)?
Welchen akademischen Grad haben Sie?
뷀헨 아카데미셴 그라트 하벤 지

| Abschnitt | **4** | 학교생활에 대해 말할 때 |

✿ 나는 오늘 미팅했어요.
Ich hatte heute ein Meeting.
이히 하테 호이테 아인 미팅

✿ 아르바이트를 하고 있나요?
Arbeiten Sie?
아르바이텐 지

✿ 아르바이트하는 학생들이 많아요.
Es gibt viele Studenten, die arbeiten.
에스 깁트 필레 슈투덴텐 디 아르바이텐

✿ 이번 학기에는 몇 과목이나 수강신청을 했습니까?
Wie viele Kurse wollen Sie in diesem Semester machen?
뷔 필레 쿠어제 뷜렌 지 인 디-젬 제메스터 막헨

✿ 그는 수업 준비하느라 바쁩니다.
Er ist mit der Vorbereitung fur den Unterricht beschäftigt.
에어 이스트 밑 데어 포어베라이퉁 퓌어 덴 운터릭히트 베셰프틱트

✿ 그게 무슨 책이죠?
Was für ein Buch ist das?
바스 퓌어 아인 북흐 이스트 다스

✱ 저는 수학적인 머리가 없는 것 같아요.

Ich habe wahrscheinlich keine Begabung für Mathematik.

이히 하베 봐샤인리히 카이네 베가붕 퓌어 마테마틱

✱ 나는 장학금을 신청했습니다.

Ich habe ein Stipendium beantragt.

이히 하베 아인 슈티펜디움 베안트락트

✱ 이건 제게 어려운 학과였어요.

Dieses Studienfach fiel mir schwer.

디-제스 슈투디엔퐉흐 퓔 미어 슈베어

✱ 우리는 그것을 암기하지 않으면 안 되었어요.

Wir mussten das auswendig lernen.

뷔어 무쓰텐 다스 아우스붼디히 레어넨

✱ 그는 물리학에 뛰어난 사람이에요.

Er ist hervorragend in Physik.

에어 이스트 헤어포어라겐트 인 퓌직

✱ 게시판에 뭐라고 씌어 있는 거예요?

Was steht an der Anschlagtafel?

봐스 슈테-트 안 데어 안슐락타펠

✱ 나는 맨 뒷자리에 앉기를 좋아해요.

Ich mag den hintersten Platz nehmen.

이히 막 덴 힌터스텐 플랏츠 네-멘

<table><tr><td>Abschnitt</td><td>5</td><td>시험과 성적에 대해 말할 때</td></tr></table>

✱ 공부를 해야겠어요.

Ich muss lernen.

이히 무쓰 레어넨

✿ 이제 공부를 좀 해야 할 것 같아요.
Von nun an muss ich lernen.
폰 눈 안 무쓰 이히 레어넨

✿ 시험결과는 어떻게 되었나요?
Wie war das Ergebnis der Prüfung?
뷔 봐 다스 에어겝니스 데어 프뤼룽

✿ 난 그 실험결과에 큰 기대를 걸고 있어요.
Ich hoffe auf ein gutes Ergebnis des Experiments.
이히 홉페 아우프 아인 구테스 에어겝니스 데스 엑스페리멘츠

✿ 수학 성적은 어땠어?
Wie war die Mathematiknote?
뷔 봐 디 마테마틱노테

✿ 그는 학교 성적이 매우 좋아진 것 같아요.
Seine Schulnote scheint viel besser geworden zu sein.
자이네 슐노테 샤인트 필 베써 게보어덴 추 자인

✿ 그녀는 반에서 1등이에요.
Sie ist die Beste in der Klasse.
지 이스트 디 베스테 인 데어 클라쎄

✿ 내가 우리 반에서 제일 뒤떨어진 것 같아요.
Vielleicht bin ich der Letzte in meiner Klasse.
필라이히트 빈 이히 데어 렛츠테 인 마이너 클라쎄

'친구', '친한 친구', '사이가 좋은 친구'는 ein guter Freund(여자친구 eine gute Freundin), ein enger Freund(여자친구 eine enge Freundin)로 표현합니다. 결혼을 했는지 물을 때는 Sind Sie verheiratet?(결혼했어요?)라고 하며, '~와 결혼하다'는 mit~ heiraten가 아니라, heiraten~이므로 주의해야 합니다.

Abschnitt 1 연애 타입에 대해 말할 때

✿ 사귀는 사람 있나요?
Sind Sie mit jemandem zusammen?
진트 지 밑 예만뎀 추잠멘

✿ 누구 생각해 둔 사람이 있나요?
Haben Sie jemanden bestimmten im Kopf?
하벤 지 예만덴 베슈팀텐 임 코프

✿ 어떤 타입의 여자가 좋습니까?
Wechen Typ Frau mögen Sie?
뷀헨 팁 프라우 뫼겐 지

✿ 성실한 사람이 좋습니다.
Ich mag eine aufrichtige Person.
이히 막 아이네 아우프리히티게 페어존

✿ 그는 제 타입이 아닙니다.
Er ist nicht mein Typ.
에어 이스트 니히트 마인 팁

Abschnitt **2** 데이트에 대해 말할 때

✿ 저와 데이트해 주시겠어요?
Möchtest du mit mir ausgehen?
묌히테스트 두 밑 미어 아우스게엔

✿ 당신과 사귀고 싶습니다.
Ich möchte mit dir zusammen sein.
이히 묌히테 밑 디어 추잠멘 자인

✿ 저와 함께 저녁식사를 하시겠어요?
Möchtest du mit mir zusammen zu Abend essen?
묌히테스트 두 밑 미어 추잠멘 추 아벤트 에쩬

✿ 당신에게 아주 반했습니다.
Ich bin in dich verliebt.
이히 빈 인 디히 풰얼립트

✿ 당신의 모든 걸 사랑합니다.
Ich liebe alles an dir.
이히 리-베 알레스 안 디어

Abschnitt **3** 청혼과 약혼에 대해 말할 때

✿ 저와 결혼해 주시겠습니까?
Willst du mich heiraten?
빌스트 두 미히 하이라텐

✿ 내 아내가 되어 줄래요?
Willst du meine Ehefrau werden?
빌스트 두 마이네 에-프라우 풰어덴

✱ 당신과 평생 같이 살고 싶습니다.
Ich möchte lebenslang mit dir zusammenleben.
이히 뫽히테 레벤슬랑 밑 디어 추잠멘레벤

✱ 우리는 이번 달에 약혼했습니다.
Wir haben uns in diesem Monat verlobt.
뷔어 하벤 운스 인 디-젬 모나트 퓌얼롭트

✱ 그녀는 래리와 약혼한 사이예요.
Sie ist mit Larry verlobt.
지 이스트 밑 래리 퓌얼롭트

✱ 결혼하셨습니까?
Sind Sie verheiratet?
진트 지 퓌어하이라테트

✱ 언제 결혼할 예정입니까?
Wann werden Sie heiraten?
봔 뷔어덴 지 하이라텐

✱ 언제 결혼을 하셨습니까?
Wann haben Sie geheiratet?
봔 하벤 지 게하이라테트

✱ 결혼한 지 얼마나 됐습니까?
Seit wann sind Sie verheiratet?
자이트 봔 진트 지 퓌어하이라테트

✱ 신혼부부이시군요.
Sie sind doch frisch verheiratet.
지 진트 도흐 프리쉬 퓌어하이라테트

✿ 당신은 기혼입니까, 미혼입니까

Sind Sie verheiratet oder ledig?

진트 지 퓌어하이라테트 오다 레디히

✿ 저는 아직 결혼하지 않았습니다.

Ich bin noch ledig.

이히 빈 노흐 레디히

Abschnitt **5** 별거와 이혼에 대해 말할 때

✿ 별거중입니다.

Wir leben getrennt.

뷔어 레벤 게트렌트

✿ 이혼했습니다.

Ich bin geschieden.

이히 빈 게쉬덴

✿ 우리 결혼 생활은 재미가 없어요.

Unser Eheleben ist nicht glücklich.

운저 에-레벤 이스트 니히트 글뤽글리히

✿ 우리는 곧 이혼할 예정입니다.

Wir werden uns bald scheiden lassen.

뷔어 붸어덴 운스 발트 샤이덴 라쩬

✿ 우린 지난 겨울에 헤어졌습니다.

Wir haben uns im letzten Winter scheiden gelassen.

뷔어 하벤 운스 임 렛츠텐 뷘터 샤이덴 게라쩬

✿ 그는 최근에 재혼했습니다.

Er hat vor kurzem wieder geheiratet.

에어 핱 포어 쿠어쳄 뷔더 게하이라테트

어떤 것을 좋아하는지 알고 싶을 때는 Woran sind Sie interessiert?(무엇에 흥미가 있습니까?) / Was machen Sie, wenn Sie Zeit haben?(한가할 때는 무엇을 합니까?) 등으로 묻습니다. 무언가를 수집하고 있을 때는 Was sammeln Sie?(무엇을 수집합니까?)라는 물음에 Ich sammle Münzen.(동전을 모으고 있습니다.)라고 대답할 수 있습니다.

Abschnitt **1** 여가 활동에 대해 말할 때

❋ 주말에는 주로 무엇을 합니까?

Was machen Sie meistens am Wochenende?

봐스 막헨 지 마이스텐스 암 뷕헨엔데

❋ 여가시간에 무얼 하십니까?

Was machen Sie in Ihrer Freizeit?

봐스 막헨 지 인 이-러 프라이차이트

❋ 여가를 어떻게 보내세요?

Was machen Sie in Ihrer Freizeit?

봐스 막헨 지 인 이-러 프라이차이트

❋ 기분전환으로 무얼 하십니까?

Was machen Sie zur Abwechselung?

봐스 막헨 지 추어 압뷕셀룽

❋ 주말에 무슨 계획이 있으세요?

Was haben Sie am Wochenende vor?

봐스 하벤 지 암 뷕헨엔데 포어

✱ 일과 후에 무엇을 하세요?
Was machen Sie nach der Arbeit?
봐스 막헨 지 나흐 데어 아르바이트

✱ 휴일에 무얼 하실 겁니까?
Was haben Sie am Feiertag vor?
봐스 하벤 지 암 퐈이어탁 포어

Abschnitt　2　취미에 대해 말할 때

✱ 취미가 뭡니까?
Was ist Ihr Hobby?
봐스 이스트 이어 호비

✱ 무엇에 흥미가 있으세요?
Woran sind Sie interessiert?
보란 진트 지 인테레씨어트

✱ 특별한 취미가 있습니까?
Haben Sie ein besonderes Hobby?
하벤 지 아인 베존더레스 호비

✱ 제 취미는 음악 감상입니다.
Mein Hobby ist Musikhören.
마인 호비 이스트 무직회렌

✱ 저의 취미는 다양해요.
Ich habe verschiedene Hobbys.
이히 하베 퓌어쉬-데네 호비스

✱ 저는 그런 일에는 별로 취미가 없습니다.
Ich habe wenig Interesse an solchen Sachen.
이히 하베 붸니히 인테레쎄 안 졸헨 작헨

❋ 이 호텔에는 카지노가 있습니까?
Gibt es in diesem Hotel ein Casino?
깁트 에스 인 디-젬 호텔 아인 카지노

❋ 갬블을 하고 싶습니다.
Ich möchte Glücksspiele machen.
이히 뫼히테 글뤽슈필레 막헨

❋ 쉬운 게임은 있습니까?
Gibt es ein leichtes Spiel?
깁트 에스 아인 라이히테스 슈필

❋ 좋은 카지노를 소개해 주시겠어요?
Können Sie mir bitte ein gutes Casino empfehlen?
쾬넨 지 미어 비테 아인 구테스 카지노 엠풰렌

❋ 카지노는 아무나 들어갈 수 있습니까?
Kann jeder in das Casino gehen?
칸 예더 인 다스 카지노 게엔

❋ 카지노는 몇 시부터 시작합니까?
Wann ist das Casino geöffnet?
봔 이스트 다스 카지노 게외프네트

❋ 칩은 어디서 바꿉니까?
Wo kann man Chips wechseln?
보 칸 만 칩스 붸셀른

❋ 칩 200달러 부탁합니다.
Ich bitte um zwei hundert Dollar Chips.
이히 비테 움 츠봐이 훈더트 돌라 칩스

✿ 칩을 현금으로 바꿔 주세요.
Bitte tauschen Sie mir die Chips in Bargeld um.
비테 타우셴 지 미어 디 칲스 인 바-겔트 움

✿ 현금으로 주세요.
Geben Sie mir bitte Bargeld.
게벤 지 미어 비테 바-겔트

✿ 터졌다! / 맞았다!
Jackpot!
잭팟

Abschnitt 4 유흥을 즐길 때

✿ 좋은 나이트클럽은 있나요?
Gibt es einen guten Club?
깁트 에스 아이넨 구텐 클룹

✿ 디너쇼를 보고 싶은데요.
Ich möchte eine Dinner Show sehen?
이히 뫽히테 아이네 디너 쇼 제엔

✿ 이건 무슨 쇼입니까?
Was ist das für eine show?
봐스 이스트 다스 퓌어 아이네 쇼

✿ 함께 춤추시겠어요?
Möchten Sie mit mir tanzen?
뫽히텐 지 밑 미어 탄첸

■ 뮌헨 맥주축제

✿ 인기가 있는 디스코텍은 어디입니까?
Wo ist die beliebteste Diskothek?
보 이스트 디 벨립테스테 디스코텍

* 나는 여행을 좋아합니다.
Ich liebe Reisen.
이히 리베 라이젠

* 여행은 즐거우셨나요?
Hat die Reise Ihnen gefallen?
핱 디 라이제 이넨 게팔렌

* 어디로 휴가를 가셨어요?
Wohin sind Sie in den Urlaub gefahren?
보힌 진트 지 인 덴 우얼라우프 게퐈렌

* 해외여행을 가신 적이 있습니까?
Haben Sie schon einmal eine Auslandsreise gemacht?
하벤 지 숀 아인말 아이네 아우스란트라이제 게막흐트

* 그곳에 얼마나 머무셨습니까?
Wie lang sind Sie dort geblieben?
뷔 랑 진트 지 도어트 게블리벤

* 언젠가 세계일주를 하고 싶어요.
Ich möchte irgendwann eine Weltreise machen.
이히 뫽히테 이어겐트봔 아이네 뷀트라이제 막헨

* 여행은 어땠어요?
Wie war die Reise?
뷔 봐 디 라이제

Kapitel **06** 문화생활에 대해서

어떤 음악을 좋아하는지 알고 싶을 때는 Was für Musik mögen Sie?(어떤 음악을 좋아하세요?)라고 물으십시오. 그리고 서로 음악을 좋아한다는 것을 알았다면 Wollen wir in der nächsten Woche zum Konzert gehen?(다음 주에 콘서트에 가지 않을래요?)라고 권해 보십시오. 그림에 대해서는 Wer ist Ihr Lieblingsmaler?(좋아하는 화가는 누구입니까?) 등으로 말합니다.

Abschnitt **1** 독서에 대해 말할 때

❋ 어떤 책을 즐겨 읽으십니까?
Was für Bücher lesen Sie gern?
봐스 퓌어 뷕혀 레젠 지 게언

❋ 저는 손에 잡히는 대로 다 읽습니다.
Ich lese alle Bücher in meiner Hand.
이히 레제 알레 뷕혀 인 마이너 한트

❋ 한 달에 책을 몇 권 정도 읽습니까?
Wie viele Bücher lesen Sie im Monat?
뷔 필레 뷕혀 레젠 지 임 모나트

❋ 책을 많이 읽으십니까?
Lesen Sie viele Bücher?
레젠 지 필레 뷕혀

❋ 그 책은 처음부터 끝까지 다 읽었어요.
Ich habe das Buch durchgelesen.
이히 하베 다스 북흐 두어히게레젠

✿ 이 책은 재미없어요.
Dieses Buch ist nicht interessant.
디제스 북흐 이스트 니히트 인테레짠트

✿ 이 책은 지루해요.
Dieses Buch ist langweilig.
디제스 북흐 이스트 랑봐일리히

✿ 한번 훑어봤어요.
Ich habe es einmal durchgeblättert.
이히 하베 에스 아인말 두어히게블래터트

✿ 그녀는 책벌레입니다.
Sie ist ein Bücherwurm.
지 이스트 아인 뷕혀부엄

✿ 저는 항상 책을 가지고 다닙니다.
Ich nehme Bücher immer mit.
이히 네메 뷕혀 임머 밑

✿ 좋아하는 작가는 누구입니까?
Wer ist Ihr Lieblingsschriftsteller?
뷔어 이스트 이어 리블링스슈리프트슈텔러

✿ 요즘 베스트셀러는 무엇입니까?
Was ist zurzeit der Bestseller?
봐스 이스트 추어차이트 데어 베스트슈텔러

✿ 요즘 좋은 책 읽을 게 있나요?
Gibt es zurzeit ein lesenswertes Buch?
깁트 에스 추어차이트 아인 레젠스붸어테스 북흐

✿ 수필보다 소설을 좋아합니다.
Ich mag Romane lieber als Essays.
이히 막 로마네 리버 알스 에쩨이스

Abschnitt 2 신문과 잡지에 대해 말할 때

무슨 신문을 보십니까?
Welche Zeitung lesen Sie?
뷀헤 차이퉁 레젠 지

오늘 신문 보셨어요?
Haben Sie heute Zeitung gelesen?
하벤 지 호이테 차이퉁 게레젠

그 사건은 일면에 났어요.
Das Ereignis stand auf der ersten Seite.
다스 에어아이그니스 슈탄트 아우프 데어 에어스텐 자이테

신문지 1면에 그렇게 써 있어요.
Es stand auf der ersten Seite.
에스 슈탄트 아우프 데어 에어스텐 자이테

저는 기사 제목들만 봐요.
Ich lese nur die Schlagzeilen der Artikel.
이히 레제 누어 디 슐락차일렌 데어 아티켈

저는 스포츠면을 먼저 읽습니다.
Ich lese zuerst die Sportseiten.
이히 레제 추에어스트 디 슈포트자이텐

어떤 잡지를 좋아합니까?
Welche Zeitschrift mögen Sie?
뷀헤 차이트슈리프트 뫼겐 지

자동차 잡지를 구독합니다.
Ich abonniere eine Autozeitschrift.
이히 아본니-레 아이네 아우토차이트슈리프트

❈ 텔레비전을 자주 보세요?

Sehen Sie oft fern?

제엔 지 오프트 풰언

❈ 어떤 텔레비전 프로그램을 좋아하십니까?

Welches Fernsehprogramm mögen Sie?

뷀혜스 풰언제-프로그람 뫼겐 지

❈ 그게 언제 방송되죠?

Wann wird das gesendet?

반 뷔어트 다스 게젠데트

❈ 그것을 텔레비전으로 중계하나요?

Wird das im Fernsehen übertragen?

뷔어트 다스 임 풰언제엔 위버트라겐

❈ 지금 텔레비전에서 무엇을 하죠?

Was wird jetzt im Fernsehen gesendet?

봐스 뷔어트 옛츠트 임 풰언제엔 게젠데트

❈ 다음 프로가 무엇이죠?

Was ist das nächste Programm?

봐스 이스트 다스 넥스테 프로그람

❈ 리모컨이 어디 있죠?

Wo ist die Fernbedienung?

보 이스트 디 풰언베디눙

❈ TV를 어떻게 끄는 건가요?

Wie schalte ich den Fernsehen aus?

뷔 샬테 이히 덴 풰언제엔 아우스

Abschnitt **4** 음악에 대해 말할 때 

✱ 어떤 음악을 좋아하세요?
Was für Musik mögen Sie?
봐스 퓌어 무직 뫼겐 지

✱ 어떤 종류의 음악을 들으세요?
Was für Musik hören Sie?
봐스 퓌어 무직 회렌 지

✱ 취미는 음악감상입니다.
Mein Hobby ist Musikhören.
마인 호비 이스트 무직회렌

✱ 음악 듣는 것을 즐깁니다.
Ich höre Musik gern.
이히 회레 무직 게언

✱ 음악을 잘 몰라요.
Ich kenne Musik nicht gut.
이히 켄네 무직 니히트 구트

✱ 좋아하는 가수가 누구예요?
Wer ist Ihr Lieblingssänger?
붸어 이스트 이어 리블링스쟁어

✱ 가장 좋아하는 노래는 무엇입니까?
Welches Lied mögen Sie am liebsten?
뷀헤스 리트 뫼겐 지 암 립스텐

✱ 그 음악은 내 취향에 맞지 않습니다.
Die Musik entspricht nicht meinem Geschmack.
디 무직 엔트슈프릭히트 니히트 마이넴 게슈막

✿ 어떤 악기를 연주하세요?

Welches Musikinstrument spielen Sie?

뷀혜스 무직인스트루멘트 슈필렌 지

✿ 저는 노래는 못해요.

Ich kann nicht so gut singen.

이히 칸 니히트 조 굳 징엔

✿ 저는 음치입니다.

Ich habe kein Gehör für Musik.

이히 하베 카인 게회어 퓌어 무직

✿ 노래 한 곡 불러 주시겠어요?

Möchten Sie bitte ein Lied singen?

뫽히텐 지 비테 아인 리트 징엔

Abschnitt 5 그림에 대해 말할 때

✿ 저는 그림 그리기를 좋아합니다.

Ich mag Malen.

이히 막 말렌

✿ 저는 미술 작품 감상을 좋아합니다.

Ich mag Kunstwerke sehen.

이히 막 쿤스트뷔어케 제엔

✿ 그건 누구 작품이죠?

Wessen Werk ist das?

뷔쩬 뷔어크 이스트 다스

✿ 저는 수채화를 즐깁니다.

Ich mag Aquarelle.

이히 막 아크바렐

✻ 미술관에 자주 갑니다.
Ich gehe oft ins Kunstmuseum.
이히 게에 오프트 인스 쿤스트무제움

✻ 어떻게 그림을 그리게 되셨습니까?
Wie haben Sie mit dem Malen angefangen?
뷔 하벤 지 밑 뎀 말렌 안게퐝엔

✻ 정말 아름다운 작품인데요!
Was für ein schönes Werk!
봐스 퓌어 아인 쉐네스 붸어크

✻ 저는 미술품 수집을 좋아합니다.
Ich sammle gern Kunstwerke.
이히 잠믈레 게언 쿤스트붸어케

✻ 좋아하는 화가는 누군가요?
Wer ist Ihr Lieblingsmaler?
붸어 이스트 이어 리-블링스말러

✻ 그림을 아주 잘 그리시군요.
Sie malen sehr gut.
지 말렌 제어 굳

Abschnitt 6 영화에 대해 말할 때

✻ 어떤 영화를 좋아하세요?
Was für Filme mögen Sie?
봐스 퓌어 퓔메 뫼겐 지

✻ 저는 영화광입니다.
Ich bin ein Filmfan.
이히 빈 아인 퓔름팬

✿ 어떤 종류의 영화를 즐겨 보십니까?
Welche Art von Film sehen Sie gerne?
뷀혜 아트 폰 필름 제엔 지 게어네

✿ 영화배우 중에서 누구를 가장 좋아하세요?
Welchen Filmschauspieler haben Sie am liebsten?
뷀헨 필름샤우슈필러 하벤 지 암 립스텐

✿ 영화를 자주 보러 갑니까?
Gehen Sie oft ins Kino?
게엔 지 오프트 인스 키노

✿ 그 영화의 주연은 누구입니까?
Wer ist der Hauptdarsteller des Films?
뷔어 이스트 데어 하우프트다-슈텔러 데스 필름스

✿ 극장에서 무엇을 상영하고 있나요?
Was läuft im Kino?
봐스 로이프트 임 키노

✿ 이 영화는 언제까지 상영합니까?
Bis Wann läuft dieser Film?
비스 봔 로이프트 디저 필름

✿ 최근에 본 영화는 무엇입니까?
Welchen Film haben Sie kürzlich gesehen?
뷀헨 필름 하벤 지 퀴어츨리히 게제엔

✿ 영화를 보러 가실래요?
Möchten Sie ins Kino gehen?
뫽히텐 지 인스 키노 게엔

✿ 오늘 밤에 영화를 보러 갑시다.
Gehen wir heute Abend ins Kino!
게엔 뷔어 호이테 아벤트 인스 키노

Kapitel 07 건강에 대해서

다이어트는 건강과 미용을 위해 매우 관심이 있는 일 중의 하나가 되었습니다. 그래서 Machen Sie eine Diät?(다이어트 중이세요?) / Ich mache jetzt Diät.(저는 지금 다이어트 중입니다.)라는 대화를 자주 듣게 됩니다. 체중 감량에 성공했을 때는 Ich habe abgenommen(체중이 줄었습니다.)라고 표현합니다.

Abschnitt 1 건강에 대해 말할 때

★ 운동을 많이 하십니까?
Treiben Sie viel Sport?
트라이벤 지 필 슈포어트

★ 건강 유지를 위해 무엇을 하세요?
Was machen Sie für Ihre Gesundheit?
봐스 막헨 지 퓌어 이-레 게준트하이트

★ 저는 건강 상태가 아주 좋아요.
Meine Gesundheit ist sehr gut.
마이네 게준트하이트 이스트 제어 굴

★ 나 무척 건강해.
Ich bin sehr gesund.
이히 빈 제어 게준트

★ 건강에는 자신이 있어.
Ich bin mir meiner Gesundheit sicher.
이히 빈 미어 마이너 게준트하이트 직혀

✿ 나이를 먹었나 봐.

Ich bin leider älter geworden.

이히 빈 라이더 엘터 게보어덴

✿ 계단을 오르면 숨이 차.

Wenn ich Treppen steige, bin ich kurzatmig.

벤 이히 트렙펜 슈타이게 빈 이히 쿠어츠아트미히

✿ 술을 줄이려고 마음먹었어.

Ich habe mich entschieden, weniger Alkohol zu trinken.

이히 하베 미히 엔트쉬덴 붸니거 알코홀 추 트링켄

✿ 담배를 끊었어.

Ich habe das Rauchen aufgegeben.

이히 하베 다스 라욱헨 아우프게게벤

✿ 지금 다이어트 중이야.

Ich mache jetzt eine Diät.

이히 막헤 옛츠트 아이네 디에트

✿ 몸에 이상이 있는 것 같아요.

Mein Körper fühlt sich nicht in Ordnung an.

마인 쾨어퍼 퓔트 지히 니히트 인 오어드눙 안

✿ 저는 건강 상태가 별로 안 좋아요.

Meine Gesundheit ist nicht so gut.

마이네 게준트하이트 이스트 니히트 조 굳

✿ 요즘 그의 건강은 좋습니까?

Ist seine Gesundheit zurzeit gut?

이스트 자이네 게준트하이트 추어차이트 굳

✿ 요즘은 쉽게 피로해져요.

Zurzeit werde ich schnell müde.

추어차이트 붸어데 이히 슈넬 뮤데

Abschnitt **2** 컨디션을 물을 때

❋ 기분은 어때요?
Wie fühlen Sie sich?
뷔 뛸렌 지 지히

❋ 힘이 없어 보여.
Du siehst müde aus.
두 지-스트 뮤데 아우스

❋ 괜찮아요?
Geht's gut?
게-츠 궅

> 기분이나 건강 상태 따위를 물을 때

❋ 오늘 기분은 어때?
Wie fühlst du dich heute?
뷔 뛸스트 두 디히 호이테

❋ 기분은 좀 좋아졌니?
Fühlst du dich besser?
뛸스트 두 디히 베써

❋ 안색이 안 좋아 보여.
Du siehst nicht so gut aus.
두 지-스트 니히트 조 궅 아우스

❋ 잠시 쉬는 게 어떻겠니?
Wie wär's, wenn du kurz Pause machst?
뷔 뵈어스 뷀 두 쿠어츠 파우제 막스트

❋ 약은 먹었니?
Hast du deine Medikamente genommen?
하스트 두 다이네 메디카멘테 게놈멘

08 스포츠와 레저에 대해서

독일 사람들은 스포츠에 관심이 많으므로 스포츠를 화제로 삼으면 대화를 자연스럽게 진행할 수 있습니다. 그리고 그 스포츠를 하는 장소나 시간 등은 Wo spielen Sie Tennis?(어디서 테니스를 칩니까?) / Wann gehen Sie schwimmen?(언제 수영하러 갑니까?)라고 물으면 됩니다.

Abschnitt 1 스포츠에 대해 말할 때

✱ 좋아하는 스포츠가 뭡니까?
Was ist Ihr Lieblingssport?
봐스 이스트 이어 리블링스슈포어트

✱ 운동하는 걸 좋아합니까?
Treiben Sie gerne Sport?
트라이벤 지 게어네 슈포어트

✱ 무슨 스포츠를 잘하세요?
Welchen Sport spielen Sie gut?
뷀혠 슈포어트 슈필렌 지 굳

✱ 좋아하는 스포츠를 여쭤봐도 될까요?
Darf ich Sie nach Ihrem Lieblingssport fragen?
다프 이히 지 나흐 이-렘 리블링스슈포어트 프라겐

✱ 저는 스포츠광입니다.
Ich bin ein Sportfan.
이히 빈 아인 슈포어트팬

* 당신은 얼마나 자주 운동을 하세요?
Wie oft treiben Sie Sport?
뷔 오프트 트라이벤 지 슈포어트

* 그는 운동신경이 발달되었습니다.
Er hat eine gute Begabung für Sport.
에어 핱 아이네 구테 베가붕 퓌어 슈포어트

* 나는 스포츠에 관심이 없습니다.
Ich habe kein Interesse an Sport.
이히 하베 카인 인테레쎄 안 슈포어트

* 나는 겨울 스포츠를 좋아합니다.
Ich mag Wintersport.
이히 막 뷘터슈포어트

* 나는 스포츠 중에 농구를 가장 좋아합니다.
Ich mag von den Sportarten Basketball am liebsten.
이히 막 폰 덴 슈포어트아르텐 바스켓발 암 립스텐

Abschnitt 2 스포츠를 관전할 때

* 어느 팀이 이길 것 같습니까?
Welches Team wird gewinnen?
뷀혜스 팀 뷔어트 게뷘넨

* 점수가 어떻게 됐어요?
Wie steht das Spiel?
뷔 슈테트 다스 슈필

* 누가 이기고 있죠?
Wer gewinnt im Moment?
뷔어 게뷘트 임 모멘트

✿ 그 경기 누가 이겼죠?
Wer hat das Spiel gewonnen?
붸어 핱 다스 슈필 게본넨

✿ 그 경기는 무승부로 끝났어요.
Das Spiel endete unentschieden.
다스 슈필 엔데테 운엔쉬덴

✿ 그 축구경기 보셨어요?
Haben Sie das Fußballspiel gesehen?
하벤 지 다스 푸쓰발슈필 게제엔

✿ 그 시합 볼만하던가요?
War das Spiel sehenswert?
봐 다스 슈필 제엔스뵈어트

✿ 시합 결과는 어떻게 되었나요?
Wie war das Ergebnis des Spiels?
뷔 봐 다스 에어겝니스 데스 슈필스

✿ 우리는 2대 5로 패배했어요.
Wir haben zwei zu fünf verloren.
뷔어 하벤 츠봐이 추 퓐프 풰얼로-렌

✿ 스코어는 6대 6으로 비겼어요.
Die Punktzahl war mit sechs zu sechs unentschieden.
디 풍크트 찰 봐 밑 젝스 추 젝스 운엔쉬덴

✿ 경기는 무승부로 끝났습니다.
Das Spiel hat unentschieden geendet.
다스 슈필 핱 운엔쉬덴 게엔데트

✿ 막상막하의 경기였습니다.
Das Spiel war spannend.
다스 슈필 봐 슈판넨드

Abschnitt 3 스포츠 중계를 볼 때

❋ 오늘 밤 그 경기가 텔레비전에 중계됩니까?
Wird das Spiel heute Abend im Fernsehen übertragen?
뷔어트 다스 슈필 호이테 아벤트 임 풰언제엔 위버트라겐

❋ 언제 중계됩니까?
Wann wird das übertragen?
봔 뷔어트 다스 위버트라겐

❋ 이 게임은 실황중계입니까?
Wird dieses Spiel live übertragen?
뷔어트 디제스 슈필 라이브 위버트라겐

❋ 당신은 어느 팀을 응원하고 있지요?
Welches Team feuern Sie an?
뷀헤스 팀 포이언 지 안

Abschnitt 4 여러 가지 경기에 대해 말할 때

❋ 전 축구를 해요.
Ich spiele Fußball.
이히 슈필레 푸쓰발

❋ 그 축구경기 보셨어요?
Haben Sie das Fußballspiel gesehen?
하벤 지 다스 푸쓰발슈필 게제엔

❋ 지금 몇 회입니까? (야구 따위의 구기 종목)
Das wie vielte Inning ist es jetzt?
다스 뷔 퓔테 이닝 이스트 에스 옛츠트

✿ 그 선수 타율이 어떻습니까?

Wie hoch ist die Trefferquote des Spielers?

뷔 호흐 이스트 디 트레퀴크보테 데스 슈필러스

✿ 골프 치는 것을 좋아하세요?

Spielen Sie gern Golf?

슈필렌 지 게언 골프

✿ 핸디가 얼마입니까?

Was ist Ihr Handicap?

봐스 이스트 이어 핸디캡

✿ 테니스 칠 줄 아세요?

Können Sie Tennis spielen?

퀸넨 지 테니스 슈필렌

✿ 몇 세트로 승부할까요?

Wie viele Sets spielen wir?

뷔 필레 셋츠 슈필렌 뷔어

✿ 테니스를 무척 좋아합니다.

Ich mag Tennis sehr.

이히 막 테니스 제어

Abschnitt   5   레저를 즐길 때

✿ 수영하러 갑시다.

Laß uns schwimmen gehen!

라쓰 운스 슈빔멘 게엔

✿ 어떤 형의 수영을 좋아하십니까?

Welchen Schwimmstil mögen Sie?

뷀헨 슈빔슈틸 뫼겐 지

✿ 얼마나 멀리 헤엄칠 수 있습니까?
Wie weit können Sie schwimmen?
뷔 봐이트 쾬넨 지 슈뷔멘

✿ 저는 수영을 잘 못합니다.
Ich kann nicht gut schwimmen.
이히 칸 니히트 굴 슈뷔멘

✿ 저는 수영을 아주 잘합니다.
Ich schwimme sehr gut.
이히 슈뷔메 제어 굴

✿ 저는 물에서 맥주병입니다.
Ich kann gar nicht schwimmen.
이히 칸 가 니히트 슈뷔멘

✿ 스키를 좋아하세요?
Fahren Sie gern Ski?
퐈렌 지 게언 쉬

✿ 저는 스키를 잘 탑니다.
Ich kann gut skifahren.
이히 칸 굴 쉬퐈렌

✿ 스키에는 관심이 없습니다.
Ich habe kein Interesse an Skifahren.
이히 하베 카인 인테레쎄 안 쉬퐈렌

✿ 매일 아침 조깅하러 갑니다.
Jeden Morgen gehe ich joggen.
예덴 모어겐 게에 이히 줭겐

✿ 조깅은 건강에 좋습니다.
Joggen ist gut für die Gesundheit.
줭겐 이스트 굴 퓌어 디 게준트하이트

매일 날씨에 관해서 Wie ist das Wetter heute?(오늘 날씨 어때요?)라고 묻는다면 es ist schön (맑아요.)라는 기본적인 형태를 기억해 둡시다. 뒤의 schön를 바꿔서 kühl(시원하다), kalt(춥다), frierend(얼어붙을 것 같다), warm(따뜻하다), heiß(덥다), glühend heiß(무척 덥다) 등과 같은 표현을 넣거나, Es regnet.(비가 오다), Es schneit(눈이 내리다), bewölkt(흐리다) 등을 넣어서 응용할 수 있도록 합시다.

Abschnitt 1 날씨를 물을 때

❋ 오늘 날씨 어때요?

Wie ist das Wetter heute?

뷔 이스트 다스 붸터 호이테

❋ 그곳 날씨는 어떻습니까?

Wie ist das Wetter dort?

뷔 이스트 다스 붸터 도어트

❋ 바깥 날씨는 어떻습니까?

Wie ist das Wetter draußen?

뷔 이스트 다스 붸터 드라우쩬

❋ 날씨가 참 좋죠?

Das Wetter ist sehr schön, oder?

다스 붸터 이스트 제어 쉔 오다

❋ 이런 날씨 좋아하세요?

Mögen Sie solch ein Wetter?

뫼겐 지 졸히 아인 붸터

Abschnitt **2** 날씨를 말할 때

❋ 오늘은 날씨가 화창하군요.
Heute ist das Wetter sehr klar.
호이테 이스트 다스 뷔터 제어 클라

❋ 햇볕이 좋아요.
Der Sonnenschein ist gut.
데어 존넨샤인 이스트 굳

❋ 맑아요.
Es ist klar.
에스 이스트 클라

❋ 따뜻해요.
Es ist warm.
에스 이스트 밤

❋ 건조해요.
Es ist trocken.
에스 이스트 트록켄

❋ 시원해요.
Es ist kühl.
에스 이스트 퀼

❋ 눅눅해요.
Es ist feucht.
에스 이스트 포이히트

❋ 쌀쌀해요.
Es ist kalt.
에스 이스트 칼트

❋ 더워요.
Es ist heiß.
에스 이스트 하이쓰

❋ 푹푹 찌는군요!
Es ist sehr schwül.
에스 이스트 제어 슈뷜

❋ 찌는 듯해요.
Es scheint schwül zu sein.
에스 샤인트 슈뷜 추 자인

❋ 이 안은 무척 덥군요.
Hier drin ist es zu warm.
히어 드린 이스트 에스 추 밤

❋ 추워요.
Es ist kalt.
에스 이스트 칼트

❋ 얼어붙듯이 추워요.
Es ist frierend kalt.
에스 이스트 프리-렌트 칼트

❋ 날씨가 점점 추워지고 있어요.
Es wird immer kälter.
에스 뷔어트 임머 켈터

❋ 오늘은 정말 춥군요, 그렇죠?
Heute ist es sehr kalt, nicht wahr?
호이테 이스트 에스 제어 칼트 니히트 바

<table>
<tr><td>Abschnitt</td><td>4</td><td>바람이 불 때</td></tr>
</table>

* 밖에 아직도 바람이 부나요?

Ist es noch windig draußen?

이스트 에스 노흐 뷘디히 드라우쩬

* 바람이 세차게 부는군요!

Der Wind weht stark!

데어 뷘트 붸-트 슈타크

* 폭풍이 불어요.

Es stürmt.

에스 슈튀엄트

<table>
<tr><td>Abschnitt</td><td>5</td><td>비가 내릴 때</td></tr>
</table>

* 비가 와요.

Es regnet.

에스 레그네트

* 억수같이 퍼부어요.

Es gießt.

에스 기-쓰트

* 비가 많이 와요.

Es regnet viel.

에스 레그네트 필

* 날씨가 오락가락하는군요.

Das Wetter ist wechselhaft.

다스 붸터 이스트 뷕셀하프트

✱ 비가 올 것 같으니 우산을 가지고 가세요.
Nehmen Sie einen Regenschirm mit, weil es regnen könnte.
네-멘 지 아이넨 레겐쉬엄 밑 봐일 에스 레그넨 쾬테

✱ 이제 비가 그쳤습니까?
Hat der Regen aufgehört?
핱 데어 레겐 아우프게회어트

Abschnitt 6 눈이 내릴 때

✱ 눈이 와요.
Es schneit.
에스 슈나이트

✱ 함박눈이 내려요.
Es schneit Schneeflocken.
에스 슈나이트 슈네플록켄

✱ 눈이 올 것 같은 날씨예요.
Das Wetter sieht aus, als ob es schneien könnte.
다스 뷔터 지트 아우스 알스 옵 에스 슈나이엔 쾬테

✱ 눈이 펑펑 쏟아져요.
Es schneit Flocken.
에스 슈나이트 플록켄

✱ 안개 때문에 아무것도 안 보여요.
Wegen Nebel kann ich nichts sehen.
뷔겐 네벨 칸 이히 니히츠 제엔

Abschnitt 7 일기예보에 대해 말할 때

일기예보를 확인해 보세요.

Schauen Sie sich bitte die Wettervorhersagen an.

샤우엔 지 지히 비테 디 뷔터포어헤어자겐 안

일기예보는 오늘 밤이 어떨 거라고 합니까?

Wie ist die Wettervorhersage für heute Nacht?

뷔 이스트 디 뷔터포어헤어자게 퓌어 호이테 나흐트

주말 일기예보는 어떻습니까?

Wie ist die Wettervorhersage fürs Wochenende?

뷔 이스트 디 뷔터포어헤어자게 퓌어스 뷕헨엔데

일기예보가 또 틀렸군요.

Die Wettervorhersage ist wieder falsch.

디 뷔터포어헤어자게 이스트 뷔터 퐐쉬

오늘 오후에는 아마 개일 것입니다.

Heute Nachmittag wird es vielleicht klar.

호이테 나흐미탁 뷔어트 에스 퓔라이히트 클라

Abschnitt 8 계절에 대해 말할 때

어느 계절을 가장 좋아하세요?

Welche Jahreszeit mögen Sie am liebsten?

뷀혜 야레스차이트 뫼겐 지 암 립스텐

일 년 내내 봄날이라면 좋겠어요!

Es wäre gut, wenn das ganze Jahr über Frühling wäre.

에스 뵈레 굳 뷀 다스 간체 야 위버 프륄링 뷔레

✿ 이곳의 봄을 좋아하세요?

Mögen Sie den Frühling hier?

뫼겐 지 덴 프륄링 히어

✿ 한국에서 7월과 8월은 무척 더워요.

Es ist sehr heiß im Juli und August in Korea.

에스 이스트 제어 하이쓰 임 율리 운트 아우구스트 인 코레아

✿ 저는 더위를 잘 타요.

Ich bin empfindlich gegen Hitze.

이히 빈 엠퓐틀리히 게겐 힛체

✿ 비가 많이 오는 계절은 싫어합니다.

Ich hasse die Jahreszeit mit viel Regen.

이히 하쎄 디 야레스차이트 밑 퓔 레겐

✿ 정말 더위는 이제부터예요.

Die Hitze beginnt erst jetzt wirklich.

디 힛체 베긴트 에어스트 옛츠트 뷔어클리히

✿ 날씨가 참 서늘하군요.

Das Wetter ist sehr kühl.

다스 붸터 이스트 제어 퀼

✿ 가을은 운동과 독서의 계절입니다.

Herbst ist die Jahreszeit zum Sport machen und Bücher lesen.

헤업스트 이스트 디 야레스차이트 춤 슈포어트 막헨 운트 뷔혀 레젠

✿ 겨울이 다가오는 것 같아요.

Der Winter scheint zu kommen.

데어 뷘터 샤인트 추 컴멘

✿ 겨울에서 봄이 되었습니다.

Auf den Winter ist der Frühling gekommen.

아우프 덴 뷘터 이스트 데어 프륄링 게컴멘

Kapitel **10** 시간과 연월일에 대해서

시각, 요일, 연월일 등의 시간에 관한 표현은 일상생활에서 언제든지 어디서든지 입에서 바로 술술 나올 수 있도록 합시다. 시간을 물을 때는 Wie spät ist es jetzt?(지금 몇 시죠?), 요일을 물을 때는 Welcher Tag ist heute?(오늘이 무슨 요일이죠?), 날짜를 물을 때는 Der wievielte Tag ist heute?(오늘은 며칠이죠?), 월을 물을 때는 Wechen Monat haben wir?(몇 월이죠?)라고 하면 됩니다.

Abschnitt **1** 시각을 물을 때

❋ 지금 몇 시죠?
Wie spät ist es jetzt?
뷔 슈페트 이스트 에스 옛츠트

❋ 몇 시입니까?
Wie spät ist es?
뷔 슈페트 이스트 에스

❋ 몇 시쯤 됐을까요?
Wissen Sie, wie spät es ist??
뷔쩬 지 뷔 슈페트 에스 이스트

❋ 정확히 몇 시입니까?
Wie spät es ist genau?
뷔 슈페트 에스 이스트 게나우

✱ 오전 7시입니다.

Es ist sieben Uhr am Morgen.

에스 이스트 지벤 우어 암 모어겐

✱ 오전 8시 15분입니다.

Es ist acht Uhr fünfzehn am Morgen.

에스 이스트 악흐트 우어 퓐프첸 암 모어겐

✱ 오후 2시 반입니다.

Es ist halb drei Uhr am Nachmittag.

에스 이스트 할프 드라이 우어 암 나흐미탁

✱ 오후 8시 10분전입니다.

Es ist zehn vor acht Uhr am Abend.

에스 이스트 젠 포어 악흐트 우어 암 아벤트

✱ 아직 7시밖에 안 되었어요.

Es ist erst halb acht.

에스 이스트 에어스트 할프 악흐트

✱ 6시 반이 다 되어갑니다.

Es ist fast halb sieben.

에스 이스트 퐈스트 할프 지벤

✱ 5시 반 정도 된 것 같아요.

Es ist vielleicht gegen halb sechs.

에스 이스트 빌라이히트 게겐 할프 젝스

✱ 어디 보자. 10시 30분입니다.

Ich schaue mal, es ist zehn Uhr dreißig.

이히 샤우 말 에스 이스트 첸 우어 드라이씩

✿ 4시 15분입니다.
Es ist fünfzehn nach vier.
에스 이스트 퓐프첸 나흐 퓌어

✿ 정각 3시입니다.
Es ist genau drei Uhr.
에스 이스트 게나우 드라이 우어

✿ 30분 후에(지나서).
Nach dreißig Minuten.
나흐 드라이씩 미누텐

✿ 15분 후에(지나서).
Nach fünfzehn Minuten.
나흐 퓐프첸 미누텐

Abschnitt 3 시간에 대해 묻고 답할 때

✿ 거기에 가는 데 얼마나 걸립니까?
Wie lang dauert es bis dahin?
뷔 랑 다우어트 비스 다힌

✿ 몇 시에 개점[폐점]합니까?
Um wieviel Uhr wird geöffnet[geschlossen]?
움 뷔퓔 우어 뷔어트 게외프네트[게슐로쎈]

✿ 이제 가야 할 시간입니다.
Es ist Zeit zu gehen.
에스 이스트 차이트 추 게엔

✿ 천천히 하세요.
Machen Sie langsam!
막헨 지 랑잠

✿ 잠시도 지체할 틈이 없습니다.
Ich habe keine Zeit zum Zögern.
이히 하베 카이네 차이트 춤 췌건

✿ 시간이 어떠세요?
Haben Sie Zeit?
하벤 지 차이트

✿ 시간이 없는데요.
Ich habe keine Zeit.
이히 하베 카이네 차이트

✿ 좀 더 시간이 필요합니다.
Es braucht mehr Zeit.
에스 브라욱흐트 메어 차이트

✿ 몇 년도에 태어나셨어요?
In welchem Jahr sind Sie geboren?
인 뷀헴 야 진트 지 게보-렌

✿ 몇 월이죠?
In welchem Monat?
인 뷀헴 모나트

✿ 여기에 온 지 석 달입니다.
Ich bin seit drei Monaten hier.
이히 빈 자이트 드라이 모나텐 히어

✿ 8월 25일까지 끝낼 수 있습니까?
Können wir das bis zum fünfundzwanzigsten August fertigmachen?
퀸넨 뷔어 다스 비스 춤 퓐프운트초봔칙스텐 아우쿠스트 풰어틱막헨

✿ 오일은 6개월마다 교환해 주십시오.
Wechseln Sie bitte das Öl alle sechs Monate!
뷕젤른 지 비테 다스 욀 알레 젝스 모나테

✿ 오늘이 무슨 요일이죠?
Welcher Tag ist heute?
뷀혀 탁 이스트 호이테

✿ 보통 월요일에서 금요일까지 영업합니다.
Normalerweise ist von Montag bis Freitag offen.
노말러봐이제 이스트 폰 몬탁 비스 프라이탁 오풴

✿ 오늘이 며칠이죠?
Der wievielte Tag ist heute?
데어 뷔퓔테 탁 이스트 호이테

✿ 날짜가 언제입니까?
Wann ist das Datum?
봔 이스트 다스 다툼

✿ 오늘이 무슨 날이죠?
Was für ein Tag ist heute?
봐스 퓌어 아인 탁 이스트 호이테

✿ 오늘이 무슨 특별한 날입니까?
Ist heute ein besonderer Tag?
이스트 호이테 아인 베존더러 탁

✿ 우리 휴가가 며칠부터 시작이죠?
Am wievielten Tag beginnt unser Urlaub?
암 뷔퓔텐 탁 베긴트 운저 우얼라우프

✿ 며칠에 태어났어요?
Am wievielten Tag sind Sie geboren?
암 뷔퓔텐 탁 진트 지 게보렌

Kapitel 11

미용과 세탁에 대해서

이발소(Friseur또는 Friseurgeschäft)에 가면 이발사가 Was für einen Stil möchten Sie?(어떤 스타일로 해 드릴까요?)라고 묻습니다. 이때 자신이 원하는 헤어스타일을 말해야 합니다. 따라서 면도를 할 것인지, 이발만 할 것인지, 머리는 감을 것인지, 드라이를 할 것인지 특별히 원하는 것을 말하지 않으면 커트만 해 줍니다.

Abschnitt 1 이발소에서

✿ 이발을 하려고 합니다.
Ich möchte meine Haare schneiden lassen.
이히 묙히테 마이네 하레 슈나이덴 라쎈

✿ 이발만 해 주세요.
Nur schneiden, bitte!
누어 슈나이덴 비테

✿ 어떤 스타일로 해 드릴까요?
Was für einen Stil möchten Sie?
봐스 퓌어 아이넨 슈틸 묙히텐 지

✿ 머리카락을 조금 잘라 주시겠어요?
Schneiden Sie sie bitte nur ein bisschen!
슈나이덴 지 지 비테 누어 아인 비쓰헨

✿ 윗머리는 어떻게 해 드릴까요?
Was kann ich an Ihren Deckhaaren machen?
봐스 칸 이히 안 이-렌 덱하-렌 막헨

✿ 너무 짧지 않도록 해 주세요.
Schneiden Sie sie bitte nicht zu kurz.
슈나이덴 지 지 비테 니히트 추 쿠어츠

✿ 면도는 하시겠어요?
Möchten Sie eine Rasur?
뫽히텐 지 아이네 라주어

✿ 면도를 해 주세요.
Bitte, rasieren Sie mich!
비테 라지렌 지 미히

✿ 머리 좀 감겨 주세요.
Bitte, waschen Sie meine Haare!
비테 봐셴 지 마이네 하레

✿ 그냥 드라이기로 말려 주세요.
Trocknen Sie sie bitte nur mit dem Haartrockner!
트록크넨 지 지 비테 누어 밑 뎀 하-트록크너

✿ 이발하셨어요?
Haben Sie Ihre Haare schneiden lassen?
하벤 지 이-레 하레 슈나이덴 라쎈

Abschnitt 2 미용실에서

✿ 지금과 같은 머리 모양으로 해 주세요.
Machen Sie mir bitte eine Frisur wie jetzt.
막헨 지 미어 비테 아이네 프리주어 뷔 옛츠트

✿ 커트해 주세요.
Schneiden, bitte!
슈나이덴 비테

✪ 어느 정도 자를까요?

Wieviel soll ich schneiden?
뷔필 졸 이히 슈나이덴

✪ 옆을 좀 더 잘라 주세요.

Schneiden Sie bitte an der Seite kürzer!
슈나이덴 지 비테 안 데어 자이테 퀴어처

✪ 샤기컷으로 해 주세요.

Machen Sie mir bitte einen Shaggy Cut!
막헨 지 미어 비테 아이녠 샤기 컷

✪ 샴푸와 세트를 해 주세요.

Haare waschen und frisieren Sie bitte!
하-레 봐셴 운트 프리지-렌 지 비테

✪ 끝을 다듬어 주시겠어요?

Können Sie bitte die Spitzen nachschneiden?
퀸넨 지 비테 디 슈핏첸 나흐슈나이덴

✪ 어깨까지 길게 해 주세요.

Lassen Sie lang bis zur Schulter.
라쎈 지 랑 비스 추어 슐터

✪ 파마를 해 주세요.

Machen Sie mir bitte eine Dauerwelle!
막헨 지 미어 비테 아이네 다우어뷀레

✪ 가볍게 파마를 해 주세요.

Machen Sie mir bitte eine leichte Dauerwelle!
막헨 지 미어 비테 아이네 라이히테 다우어뷀레

✪ 머리를 염색을 하고 싶습니다.

Ich möchte meine Haare färben.
이히 뫽히테 마이네 하-레 풰어벤

Abschnitt 3 세탁소에서

✿ 이 양복을 다림질 좀 해 주세요.
Bügeln Sie bitte diesen Anzug!
뷔겔른 지 비테 디젠 안축

✿ 이 양복을 세탁 좀 해 주세요.
Reinigen Sie bitte diesen Anzug!
라이니겐 지 비테 디젠 안축

✿ 이 셔츠에 있는 얼룩을 좀 제거해 주시겠어요?
Können Sie bitte die Flecken auf diesem Hemd entfernen?
퀸넨 지 비테 디 플렉켄 아우프 디젬 헴트 엔트풰어넨

✿ 언제 찾아갈 수 있죠?
Wann kann ich es abholen?
반 칸 이히 에스 압홀렌

✿ 언제 다 됩니까?
Wann ist das fertig?
반 이스트 다스 풰어틱

✿ 이 코트를 수선해 주시겠어요?
Können Sie bitte diesen Mantel flicken?
퀸넨 지 비테 디젠 만텔 플릭켄

✿ 옷 길이 좀 줄여 주세요.
Machen Sie bitte das Kleid kürzer!
퀸넨 지 비테 다스 클라이트 퀴어처

✿ 세탁비는 얼마예요?
Wieviel kostet die Reinigung?
뷔필 코스테트 디 라이니궁

술집에서 Was möchten Sie trinken?(무엇을 마시겠습니까?)라고 묻는다면 Ich trinke Fassbier.(나는 생맥주를 마시겠습니다.) 등으로 대답하고 Ich mag das sehr.(무척 좋아합니다.)라고 말해 보십시오. 또한 술이 취했을 때는 무리하게 마시지 말고 Nein, Danke(이제 됐습니다.) / Ich kann nicht mehr trinken.(더 이상 못 마시겠습니다.) / Ich bin betrunken.(취했습니다.)라고 말하면 됩니다.

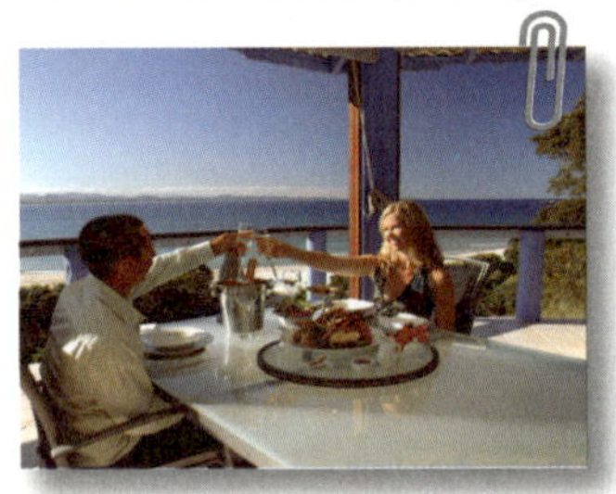

Abschnitt 1 술을 권할 때

✱ 술 한잔하시겠어요?
Möchten Sie ein Glas Alkohol?
뫽히텐 지 아인 글라스 알코홀

✱ 오늘 밤 한잔하시죠?
Möchten Sie heute Abend ein Glas Alkohol?
뫽히텐 지 호이테 아벤트 아인 글라스 알코홀

✱ 한잔 사고 싶은데요.
Ich möchte Sie zum Trinken einladen.
이히 뫽히테 시 춤 트링켄 아인라덴

✱ 술 마시는 걸 좋아하세요?
Trinken Sie gern Alkohol?
트링켄 지 게언 알코홀

✱ 저희 집에 가서 한잔합시다.
Laß uns bei mir zu Hause Alkohol trinken!
라쓰 운스 바이 미어 추 하우제 알코홀 트링켄

✿ 술은 어때요?
Wie wäre es mit dem Alkohol?
뷔 뵈레 에스 밑 뎀 알코홀

✿ 술 드시러 오세요.
Kommen Sie bitte zum Trinken!
컴멘 지 비테 춤 츠링켄

Abschnitt 2 건배를 할 때

✿ 건배합시다!
Zum Wohl!
춤 볼

✿ 건배!
Zu Ihrem Wohl!
추 이-렘 볼

✿ 당신을 위하여! 건배!
Zu Ihrem Wohl! Prost!
추 이-렘 볼 프로스트

✿ 건배!(행운을 빕니다!)
Auf Ihr Glück!
아우프 이어 글뤽

✿ 우리들의 건강을 위해!
Auf unsere Gesundheit!
아우프 운저레 게준트하이트

✿ 여러분 모두의 행복을 위해!
Auf euer aller Glück!
아우프 오이어 알러 글뤽

❋ 제가 한 잔 따라 드리겠습니다.
Ich schenke Ihnen ein.
이히 셴케 이-넨 아인

❋ 마시면서 얘기 나눕시다.
Unterhalten wir uns beim Trinken!
운터할텐 뷔어 운스 바임 트링켄

❋ 2차 갑시다!
Laß uns in die zweite Runde gehen!
라쓰 운스 인 디 츠봐이테 룬데 게엔

❋ 당신 취했군요.
Sie sind betrunken.
지 진트 베트룽켄

❋ 제가 내겠습니다.
Ich lade Sie ein.
이히 라데 지 아인

❋ 저는 술을 좋아합니다.
Ich trinke gern Alkohol.
이히 트링케 게언 알코홀

❋ 이 맥주 맛 끝내주는데요.
Dieses Bier schmeckt sehr gut.
디제스 비어 슈멕트 제어 굳

❋ 이 술은 뒷맛이 안 좋아요.
Der Nachgeschmack dieses Alkohols ist nicht gut.
데어 나흐게슈막 디제스 알코홀스 이스트 니히트 굳

Abschnitt 4 주량에 대해 말할 때

평소에 어느 정도 마십니까?
Wieviel trinken Sie normalerweise?
뷔 필 트링켄 지 노말러봐이제

저는 술고래입니다.
Ich bin ein Säufer.
이히 빈 아인 조이퍼

저는 한 잔만 마셔도 얼굴이 빨개져요.
Mein Gesicht wird rot selbst bei einem Glas.
마인 게직히트 뷔어트 로트 젤프스트 바이 아이넴 글라스

나는 술을 천천히 마시는 편입니다.
Ich trinke Alkohol lieber langsam.
이히 트링케 알코홀 리버 랑잠

어느 정도 술을 마시러 갑니까?
Wie oft gehen Sie trinken?
뷔 오프트 게엔 지 트링켄

매일 밤 술을 마시러 갑니다.
Ich gehe jeden Abend trintken.
이히 게에 예덴 아벤트 트링켄

술이라면 무엇이든 가리지 않습니다.
Ich trinke alle Arten von Alkohol.
이히 트링케 알레 아르텐 폰 알코홀

숙취는 없습니까?
Haben Sie keinen Kater?
하벤 지 카이넨 카터

✿ 알코올은 입에 대지 않기로 했습니다.

Ich habe mich entschieden, keinen Alkohol mehr zu trinken.

이히 하베 미히 엔트쉬덴 카이넨 알코홀 메어 추 트링켄

✿ 의사가 술을 마시면 안 된다고 했습니다.

Der Arzt hat mir empfohlen keinen Alkohol zu trinken.

데어 아츠트 핱 미어 엠폴렌 카이넨 알코홀 추 트링켄

✿ 술을 끊는 것이 좋겠습니다.

Sie sollten besser keinen Alkohol mehr trinken.

지 졸텐 베써 카이넨 알코홀 메어 트링켄

✿ 술을 끊었습니다.

Ich trinke keinen Alkohol mehr.

이히 트링케 카이넨 알코홀 메어

Abschnitt **6** 담배에 대해 말할 때 

✿ 담배를 피우고 싶어 죽겠어요.

Ich habe große Lust zu Rauchen.

이히 하베 그로쎄 루스트 추 라욱헨

✿ 담배 한 대 피우시겠습니까?

Möchten Sie rauchen?

뫽히텐 지 라욱헨

✿ 불을 빌려 주시겠습니까?

Möchten Sie mir Feuer geben?

뫽히텐 지 미어 포이어 게벤

✿ 재떨이를 집어 주시겠어요?
Möchten Sie mir bitte den Aschenbecher geben?
뮉히텐 지 미어 비테 덴 아쉔벡허 게벤

✿ 아버지는 애연가입니다.
Mein Vater ist ein starker Raucher.
마인 퐈터 이스트 아인 슈타커 라욱허

✿ 하루에 어느 정도 피웁니까?
Wie viel raucht er am Tag?
뷔퓔 라욱흐트 에어 암 탁

✿ 식후에 피우는 담배는 정말 맛있습니다.
Rauchen nach dem Essen schmeckt sehr gut.
라욱헨 나흐뎀 에쎈 슈멕트 제어 굳

Abschnitt 7 흡연을 허락받을 때

✿ 담배를 피워도 되겠습니까?
Darf ich rauchen?
다프 이히 라욱헨

✿ 여기서 담배를 피울 수 있습니까?
Darf ich hier rauchen?
다프 이히 히어 라욱헨

✿ 어디서 담배를 피워야 됩니까?
Wo darf ich rauchen?
보 다프 이히 라욱헨

✿ 이곳은 금연석입니까?
Ist hier der Nichtraucherplatz?
이스트 히어 데어 니히트라욱허플랏츠

흡연석이 있습니까?
Gibt es einen Raucherplatz?
깁트 에스 아이넨 라욱허플랏츠

흡연석을 원하십니까, 아니면 금연석을 원하십니까?
Möchten Sie einen Raucherplatz oder Nichtraucherplatz?
뫽히텐 지 아이넨 라욱허플랏츠 오다 니히트라욱허플랏츠

금연석으로 변경할 수 있습니까?
Kann ich auf einen Nichtraucherplatz wechseln?
칸 이히 아우프 아이넨 니히트라욱허플랏츠 붹셀른

Abschnitt **8** 금연에 대해 말할 때

담배를 끊으셔야 해요.
Sie sollten aufhören zu rauchen.
지 졸텐 아우프회렌 추 라욱헨

당신은 담배를 너무 피워요. 몸에 안 좋은 거 알아요?
Sie rauchen zu viel. Wissen Sie, dass das nicht gut für die Gesundheit ist?
지 라욱헨 추 필. 뷔쎈 지 다쓰 다스 니히트 굳 퓌어 디 게준트하이트 이스트

2년 전에 담배를 끊었습니다.
Seit zwei Jahren rauche ich nicht mehr.
자이트 츠봐이 야-렌 라욱헤 이히 니히트 메어

당신이 담배를 끊으면 좋겠어요.
Sie sollten besser nicht mehr rauchen.
지 졸텐 베써 니히트 메어 라욱헨

담배를 끊었어.
Ich rauche nicht mehr.
이히 라욱헤 니히트 메어

Teil 6

여행과 출장에 관한 표현

외국으로의 여행은 그 자체만으로 가슴을 설레게 합니다. 막연하게 아무런 준비 없이 여행이나 출장을 떠나는 것보다는 기본적인 회화를 익혀 두어야 함은 물론이고, 또한 여행 계획을 잘 짜 두어야 훨씬 안전하고 즐거운 여행을 할 수 있습니다. 따라서 여기서는 여행 시 필요한 숙박, 쇼핑, 관광 등에 관한 다양한 표현을 익히도록 하였습니다.

한국에서 출발하는 항공회사의 편에는 대개 한국인 승무원이 탑승하고 있어서 말이 통하지 않아도 큰 불편은 없습니다. 비행기를 처음 타거나 배정된 좌석을 찾기 힘들 땐 항상 스튜어디스에게 도움을 청하면 됩니다. 만약 외국비행기에 탑승했을 경우 의사소통이 어렵더라도 좌석권을 스튜어디스에게 보여 주기만 하면 직원들이 알아듣고 서비스를 제공해 줍니다.

Abschnitt 1 좌석을 찾을 때

❋ 제 자리는 어디입니까?
Wo ist mein Sitzplatz?
보 이스트 마인 짓츠플랏츠

❋ 탑승권을 보여 주세요.
Ihre Bordkarte bitte.
이-레 보드카르테 비테

❋ 미안합니다, 지나갈게요.
Entschuldigung, darf ich vorbeigehen?
엔트슐디궁 다프 이히 포바이게엔

❋ 여기는 제 자리인데요.
Dies ist mein Sitzplatz.
디스 이스트 마인 짓츠플랏츠

❋ (옆 사람에게) 자리를 바꿔 주시겠습니까?
Bitte können Sie für mich den Sitzplatz wechseln?
비테 퀸넨 지 퓌어 미히 덴 짓츠플랏츠 뷕셀른

✿ 자리를 바꾸고 싶습니다.

Ich möchte meinen Sitzplatz wechseln

이히 뫽히테 마이넨 짓츠플랏츠 벡셀른

✿ 저기 빈자리로 옮겨도 되겠습니까?

Darf ich dort den freien Sitzplatz nehmen?

다프 이히 도어트 덴 프라이엔 짓츠플랏츠 네-멘

Abschnitt 2 기내 서비스를 받을 때

✿ 음료는 뭐가 좋겠습니까?

Was möchten Sie trinken?

봐스 뫽히텐 지 트링켄

✿ 어떤 음료가 있습니까?

Welche Getränke gibt es?

벨혜 게트렝케 깁트 에스

✿ 콜라는 있습니까?

Gibt es Cola?

깁트 에스 콜라

✿ 맥주를 주시겠습니까?

Kann ich bitte Bier haben?

칸 이히 비테 비어 하벤

✿ 베개와 모포를 주시겠어요?

Können Sie mir Kissen und Decke geben?

퀸넨 지 미어 키쩬 운트 덱케 게벤

✿ 한국어 신문은 있습니까?

Gibt es koreanische Zeitungen?

깁트 에스 코레아니쉐 차이퉁엔

* 식사는 언제 나옵니까?
Wann ist Essenszeit?
봔 이스트 에쩬스차이트

* 소고기와 닭고기가 있는데, 어느 것으로 하시겠습니까?
Was möchten Sie lieber, Rindfleisch oder Hühnerfleisch?
봐스 뫽히텐 지 리버 린트플라이쉬 오다 휘너플라이쉬

* 식사는 필요 없습니다.
Ich möchte kein Essen.
이히 뫽히테 카인 에쩬

* 식사는 다 하셨습니까?
Sind Sie fertig mit dem Essen?
진트 지 풰어틱 밑 뎀 에쩬

* 이것은 입국카드입니까?
Ist dies die Einreisekarte?
이스트 디스 디 아인라이제카르테

* 이 서류 작성법을 가르쳐 주시겠어요?
Möchten Sie mir beim Ausfüllen dieses Formulars helfen?
뫽히텐 지 미어 바임 아우스퓔렌 디제즈 포물라스 헬펜

Abschnitt **5** 기내 면세품을 구입할 때

✿ 기내에서 면세품을 판매합니까?
Verkauft man im Flugzeug steuerfreie Waren?
풰어카우프트 만 임 플룩초익 슈토이어프라이에 봐렌

✿ 어떤 담배가 있습니까?
Welche Zigaretten gibt es?
뷀혜 치가레텐 깁트 에스

✿ (면세품 사진을 가리키며) 이것은 있습니까?
Haben Sie dies?
하벤 지 디스

✿ 한국 돈은 받습니까?
Darf ich mit koreanischem Geld zahlen?
다프 이히 밑 코레아니쉠 겔트 찰렌

Abschnitt **6** 몸이 불편할 때

✿ 비행기 멀미약은 있습니까?
Haben Sie Arzneimittel gegen Flugreisekrankheit?
하벤 지 아-츠나이미텔 게겐 플룩라이제크랑크하이트

✿ 몸이 좀 불편합니다. 약을 주시겠어요?
Es geht mir nicht gut. Möchten Sie mir Medikamente geben?
에스 게-트 미어 니히트 굳 뫽히텐 지 미어 메디카멘테 게벤

✿ 비행은 예정대로입니까?
Ist der Flug planmäßig?
이스트 데어 플룩 플랜매씩

✿ 현지시간으로 지금 몇 시입니까?

Wie viel Uhr ist es jetzt zur Ortszeit?
뷔 필 우어 이스트 에스 옛츠트 추어 오어츠차이트

✿ 이 공항에서 어느 정도 머뭅니까?

Wie lang bleiben wir an diesem Flughafen?
뷔 랑 블라이벤 뷔어 안 디-젬 플룩하풴

✿ 환승 카운터는 어디입니까?

Wo ist der Umsteigeschalter?
보 이스트 데어 움슈타이게샬터

✿ 탑승수속은 어디서 하면 됩니까?

Wo kann ich einchecken?
보 칸 이히 아인첵켄

✿ 환승까지 시간은 어느 정도 있습니까?

Wie viel Zeit gibt es zum Umsteigen?
뷔 필 차이트 깁트 에스 춤 움슈타이겐

✿ 탑승은 몇 시부터 시작합니까?

Wann beginnt das Einsteigen?
봔 베긴트 다스 아인슈타이겐

✿ 요일

월요일	Montag	몬탁	금요일	Freitag	프라이탁
화요일	Dienstag	딘스탁	토요일	Samstag	삼스탁
수요일	Mittwoch	미뜨보흐	일요일	Sonntag	손탁
목요일	Donnerstag	도너스탁			

Kapitel 02 공항에 도착해서

목적지 공항에 도착하면 먼저 Ankunft 등의 표시를 따라 Einreise 또는 Passkontrolle을 향해서 가면 입국심사 카운터에 도착합니다. 기내에서 작성한 입국카드와 여권을 심사관에게 보입니다. 입국심사가 끝나면 Gepäckausgabe의 표시를 따라서 갑니다. 짐을 찾으면 Zoll의 표시를 따라 세관으로 가서 여권과 세관신고서를 담당에게 보여 주고 통과를 기다리면 됩니다.

Abschnitt 1 입국수속을 밟을 때

* 여권을 보여 주시겠습니까?
Ihren Reisepass, bitte!
이-렌 라이제파쓰 비테

* 입국 목적은 무엇입니까?
Warum wollen Sie einreisen?
봐룸 뷜렌 지 아인라이젠

* 얼마나 체류하십니까? (체류 기간)
Wie lang bleiben Sie hier?
뷔 랑 블라이벤 지 히어

* 어디에 머무십니까?
Wo bleiben Sie?
보 블라이벤 지

* ○○호텔에 머뭅니다.
Ich bleibe im Hotel ○○.
이히 블라이베 임 호텔 OO

✱ (메모를 보이며) 숙박처는 이 호텔입니다.

Meine Unterkunft ist dies Hotel.

마이네 운터쿤프트 이스트 디스 호텔

✱ (호텔은) 아직 정하지 않았습니다.

Das Hotel ist noch nicht bestimmt.

다스 호텔 이스트 노흐 니히트 베슈팀트

✱ 돌아가는 항공권은 가지고 계십니까?

Haben Sie das Rückflugticket?

하벤 지 다스 뤽플룩티켓

✱ 단체여행입니까?

Machen Sie eine Gruppenreise?

막헨 지 아이네 그루펜라이제

✱ 현금은 얼마나 가지고 있습니까?

Wie viel Bargeld haben Sie?

뷔 필 바겔트 하벤 지

✱ 이 나라는 처음입니까?

Sind Sie zum ersten Mal in diesem Land?

진트 지 춤 에어스텐 말 인 디-젬 란트

Abschnitt **2** 짐을 찾을 때

✱ 짐은 어디서 찾습니까?

Wo ist die Gepäckausgabe?

보 이스트 디 게펙아우스가베

✱ 여기가 714편 짐 찾는 곳입니까?

Ist hier die Gepäckausgabe für die Flugnummer 714?

이스트 히어 디 게펙아우스가베 퓌어 디 플룩눔머 지벤아인스퓌어

❄ 714편 짐은 나왔습니까?

Ist das Gepäck für die Flugnummer 714 herausgekommen?
이스트 다스 게펙 퓌어 디 플룩눔머 지벤아인스퓌어 헤라우스게컴멘

❄ 제 짐이 보이지 않습니다.

Ich kann mein Gepäck nicht finden.
이히 칸 마인 게펙 니히트 퓐덴

❄ 이게 수화물인환증입니까?

Ist dies der Gepäckschein?
이스트 디스 데어 게펙샤인

❄ 찾으면 제게 연락 주세요.

Bitte teilen Sie mir mit, wenn Sie es finden.
비테 타일렌 지 미어 밑 뷀 지 에스 퓐덴

❄ 얼마나 빨리 보상받을 수 있을까요?

Wie schnell erhalte ich die Entschädigung?
뷔 슈넬 에어할테 이히 디 엔트셰디궁

| Abschnitt | **3** | 세관을 통과할 때 |

❄ 여권과 신고서를 보여 주십시오.

Bitte, Ihren Reisepass und Zollerklärung!
비테 이-렌 라이제파쓰 운트 촐에어클레룽

❄ 신고할 것은 있습니까?

Haben Sie etwas zu deklarieren?
하벤 지 에트봐스 추 데클라리-렌

❄ 일용품뿐입니다.

Nur Alltagswaren.
누어 알탁스봐렌

✿ 이 가방을 열어 주십시오.
Bitte, machen Sie diese Tasche auf.
비테 막헨 지 디제 타셰 아우프

✿ 내용물은 무엇입니까?
Was ist drin?
봐스 이스트 드린

✿ 이건 뭡니까?
Was ist dies?
봐스 이스트 디스

✿ 다른 짐은 있나요?
Haben Sie anderes Gepäck?
하벤 지 안더레스 게팩

✿ 이건 과세 대상이 됩니다.
Dies ist steuerfrei.
디스 이스트 슈토이어프라이

Abschnitt **4** 공항의 관광안내소에서

✿ 관광안내소는 어디에 있습니까?
Wo ist die Touristeninformation?
보 이스트 디 투어리스텐인포마치온

✿ 시가지도와 관광 팸플릿을 주시겠어요?
Möchten Sie mir bitte eine Touristenbroschüre geben?
묔히텐 지 미어 비테 아이네 투어리스텐브로쉬레 게벤

✿ 매표소는 어디에 있습니까?
Wo ist der Ticketschalter?
보 이스트 데어 티켓샬터

* 출구는 어디입니까?

Wo ist der Ausgang?

보 이스트 데어 아우스강

* 여기서 호텔을 예약할 수 있나요?

Kann ich hier ein Hotel reservieren?

칸 이히 히어 아인 호텔 레저비-렌

* 호텔 리스트는 있습니까?

Haben Sie eine Hotelliste?

하벤 지 아이네 호텔리스테

* 여기서 렌터카를 예약할 수 있습니까?

Kann ich hier einen Mietwagen reservieren?

칸 이히 히어 아이넨 미-트봐겐 레저비-렌

Abschnitt 5 포터(짐꾼)를 이용할 때

* 포터를 불러 주세요.

Lassen Sie bitte einen Gepäckträger kommen!

라쎈 지 비테 아이넨 게팩트레거 컴멘

* 이 짐을 버스정류소까지 옮겨 주세요.

Tragen Sie dies bitte zur Bushaltestelle!

트라겐 지 디스 비테 추어 부스할테슈텔레

* 카트는 어디에 있습니까?

Wo gibt es einen Gepäckwagen?

보 깁트 에스 아이넨 게팩봐겐

* 짐을 호텔로 보내 주세요.

Schicken Sie bitte das Gepäck zum Hotel!

쉭켄 지 비테 다스 케팩 춤 호텔

숙소는 한국에서 출발하기 전에 예약을 해 두는 것이 좋습니다. 예약할 때는 요금, 입지, 치안 등을 고려해서 정하도록 합시다. 호텔의 체크인 시각은 보통 오후 2시부터입니다. 호텔 도착 시간이 오후 6시를 넘을 때는 예약이 취소되는 경우도 있으므로 늦을 경우에는 호텔에 도착시간을 전화로 말해 두는 것이 좋습니다. 방의 형태, 설비, 요금, 체재 예정 등을 체크인할 때 확인하도록 합시다.

Abschnitt 1 호텔을 찾을 때

❋ 여기서 호텔 예약할 수 있습니까?

Kann ich hier ein Hotel reservieren?

칸 이히 히어 아인 호텔 레저비-렌

❋ 역까지 데리러 오시겠습니까?

Möchten Sie mich bitte am Bahnhof abholen?

뫽히텐 지 미히 비테 암 반호프 압홀렌

❋ 공항까지 데리러 오시겠습니까?

Möchten Sie mich bitte am Flughafen abholen?

뫽히텐 지 미히 비테 암 플룩하펜 압홀렌

❋ 그 호텔은 어디에 있습니까?

Wo ist das Hotel?

보 이스트 다스 호텔

❋ 다른 호텔을 소개해 주시겠어요?

Könnten Sie bitte ein anderes Hotel empfehlen?

쾬텐 지 비테 아인 안더레스 호텔 엠펠-렌

* 예약을 하고 싶은데요.

Ich möchte reservieren.

이히 뫼히테 레저비-렌

* 오늘 밤, 빈방 있습니까?

Haben Sie ein Zimmer frei für heute Nacht?

하벤 지 아인 침머 프라이 퓌어 호이테 낙흐트

* 숙박요금은 얼마입니까?

Wie viel kostet das Zimmer?

뷔 뛸 코스테트 다시 침머

* 1박에 얼마입니까?

Wie viel kostet ein Tag Übernachtung?

뷔 뛸 코스테트 아인 탁 위버낙흐퉁

* 요금에 조식은 포함되어 있나요?

Ist das Früstück im Preis inklusive ?

이스트 다스 프뤼슈틱 임 프라이스 인클루시베

* 봉사료와 세금은 포함되어 있습니까?

Sind Bedienungsgeld und Steuer inklusive?

진트 베디눙스겔트 운트 슈토이어 인클루시베

* 더 싼 방은 없습니까?

Haben Sie kein preiswerteres Zimmer?

하벤 지 카인 프라이스붸어터레스 침머

* 몇 박을 묵으실 건가요?

Wie viel Nächte möchten Sie bleiben?

뷔 뛸 넉히테 뫼히텐 지 블라이벤

✿ 더블 룸으로 부탁합니다.

Geben Sie mir bitte ein Doppelzimmer!
게벤 지 미어 비테 아인 도펠침머

✿ 욕실이 있는 방으로 부탁합니다.

Geben Sie mir bitte ein Zimmer mit Bad!
게벤 지 미어 비테 아인 침머 밑 바트

✿ 예약을 취소하고 싶습니다.

Ich möchte meine Reservierung stornieren.
이히 뫽히테 마이네 레저비룽 슈토니-렌

✿ 안녕하세요. 무엇을 도와드릴까요?

Guten Tag! Wie kann ich Ihnen helfen?
구텐 탁 뷔 칸 이히 이넨 헬펜

✿ 예약은 하셨습니까?

Haben Sie reserviert?
하벤 지 레저비어트

✿ 확인서는 여기 있습니다.

Hier ist die Bestätigung.
히어 이스트 디 베슈테티궁

✿ 예약은 한국에서 했습니다.

Ich habe in Korea reserviert.
이히 하베 인 코레아 레저비어트

✿ 아직 예약을 하지 않았습니다.

Ich habe noch nicht reserviert.
이히 하베 노흐 니히트 레저비어트

성함을 말씀해 주시겠어요?
Bitte wie ist Ihr Name?
비테 뷔 이스트 이어 나메

숙박 쿠폰을 가지고 있습니다.
Ich habe einen Zimmergutschein.
이히 하베 아이넨 침머굳샤인

숙박카드에 기입해 주십시오.
Füllen Sie bitte das Eincheckformular aus!
퓔렌 지 비테 다스 아인첵포물라 아우스

이게 방 열쇠입니다.
Dies ist der Zimmerschlüssel.
디스 이스트 데어 침머쉴리쎌

귀중품을 보관해 주시겠어요?
Möchten Sie Wertgegenstände aufbewahren?
뫽히텐 지 붸어트게겐슈텐데 아우프베바렌

Abschnitt 4 방을 확인할 때

방을 보여 주시겠어요?
Darf ich mir das Zimmer anschauen?
다프 이히 미어 다스 침머 안샤우엔

좀 더 좋은 방은 없습니까?
Gibt es kein besseres Zimmer?
깁트 에스 카인 베써레스 침머

좀 더 큰 방으로 바꿔 주시겠어요?
Könnten Sie mich bitte auf ein größeres Zimmer umbuchen?
쾬텐 지 미히 비테 아인 그뢰써레스 침머 움북헨

✿ 조용한 방으로 부탁합니다.

Ich hätte gern ein ruhiges Zimmer.

이히 헤테 게언 아인 루이게스 침머

✿ 전망이 좋은 방으로 부탁합니다.

Ich hätte gern ein Zimmer mit schöner Aussicht.

이히 헤테 게언 아인 침머 밑 쉐너 아우스직히트

✿ 이 방으로 하겠습니다.

Ich nehme dieses Zimmer.

이히 네메 디제스 침머

✿ 벨보이가 방으로 안내하겠습니다.

Der Diener führt Sie aufs Zimmer.

데어 디너 퓌어트 지 아우프스 침머

✿ 짐을 방까지 옮겨 주시겠어요?

Bringen Sie bitte mein Gepäck aufs Zimmer.

브링엔 지 비테 마인 게팩 아우프스 침머

✿ 여기가 손님 방입니다.

Hier ist Ihr Zimmer.

히어 이스트 이어 침머

Abschnitt 5 체크인 트러블

✿ 8시에 도착할 것 같습니다. (늦을 경우)

Ich komme vielleicht um 8Uhr an.

이히 콤메 퓔라이히트 움 악흐트 우어 안

✿ 예약을 취소하지 마세요.

Bitte, stornieren Sie nicht die Reservierung!

비테 슈토니-렌 지 니히트 디 레저비룽

234

* 다시 한번 제 예약을 확인해 주십시오.
Bestätigen Sie bitte noch einmal meine Reservierung.
베슈테티겐 지 비테 노흐 아인말 마이네 레저비룽

* 방을 취소하지 않았습니다.
Ich habe mein Zimmer nicht storniert.
이히 하베 마인 침머 니히트 슈토니어트

* 다른 호텔을 찾으시겠습니까?
Möchten Sie ein anderes Hotel suchen?
뫽히텐 지 아인 안더레스 호텔 죽헨

Abschnitt 6 룸서비스

* 룸서비스를 부탁합니다.
Den Zimmerservice bitte.
덴 침머서비스 비테

* 여기는 1234호실입니다.
Hier ist das Zimmer 1234(eins zwei drei vier).
히어 이스트 다스 침머 아인스 츠봐이 드라이 퓌어

* 룸서비스입니다. 무엇을 도와드릴까요?
Zimmerservice. Was kann ich für Sie tun?
침머서비스 봐스 칸 이히 퓌어 지 툰

* 어느 정도 시간이 걸립니까?
Wie lang dauert es?
뷔 랑 다우어트 에스

* 뜨거운 물을 주시겠어요?
Geben Sie mir bitte warmes Wasser.
게벤 지 미어 비테 봐메스 봐써

* 누구십니까? (노크하면서)

Wer ist da?

뷔어 이스트 다

* 잠시 기다리세요.

Einen Moment bitte.

아이넨 모멘트 비테

* 들어오세요.

Bitte kommen Sie herein!

비테 컴멘 지 헤라인

* 내일 아침 5시에 모닝콜을 부탁합니다.

Ich bitte um einen Weckruf morgen um fünf Uhr.

이히 비테 움 아이넨 빅루프 모어겐 움 퓐프 우어

* 저한테 온 메시지는 있습니까?

Gibt es eine Nachricht für mich?

깁트 에스 아이네 나흐리히트 퓌어 미히

* 오늘 밤 늦게 돌아올 예정입니다.

Ich komme wahrscheinlich heute Abend spät zurück.

이히 컴메 봐샤인리히 호이테 아벤트 슈페트 추릭

* 자판기는 있습니까?

Gibt es einen Automaten?

깁트 에스 아이넨 아우토마-텐

* 식당은 어디에 있습니까?

Wo ist das Restaurant?

보 이스트 다스 레스토랑

✿ 식당은 몇 시까지 합니까?
Bis wann ist das Restaurant offen?
비스 반 이스트 다스 레스토랑 오펜

✿ 이 호텔에 테니스코트는 있습니까?
Gibt es einen Tennisplatz in diesem Hotel?
깁트 에스 아이넨 테니스플랏츠 인 디젬 호텔

✿ 커피숍은 어디에 있습니까?
Wo ist das Café?
보 이스트 다스 카페

✿ 바는 언제까지 합니까?
Bis wann ist die Bar offen?
비스 반 이스트 디 바 오펜

✿ 여기서 이 편지들을 부칠 수 있나요?
Kann ich hier diese Briefe abschicken?
칸 이히 히어 디제 브리페 압쉭켄

✿ 이메일을 체크하고 싶은데요.
Ich möchte E-mails lesen.
이히 뫽히테 이메일스 레젠

✿ 팩스는 있습니까?
Gibt es ein Fax?
깁트 에스 아인 퐉스

✿ 여기서 관광버스표를 살 수 있습니까?
Kann ich hier das Touristenbusticket kaufen?
칸 이히 히어 다스 투어리스텐부스티켓 카우펜

✿ 계산은 방으로 해 주시겠어요? (나중에 정산한다는 뜻)
Möchten Sie mir bitte die Rechnung aufs Zimmer legen?
뫽히텐 지 미어 비테 디 렉히눙 아우프스 침머 레겐

✿ 열쇠가 잠겨 방에 들어갈 수 없습니다.

Ich kann nicht ins Zimmer hineingehen, weil das Zimmer abgeschlossen ist.

이히 칸 니히트 인스 침머 히나인게엔 바일 다스 침머 압게슐로쎈 이스트

✿ 방에 열쇠를 둔 채 잠가 버렸습니다.

Ich habe den Schlüssel im Zimmer gelassen und die Tür zugemacht.

이히 하베 덴 슐뤼쎌 임 침머 게라쎈 운트 디 튀어 추게막흐트

✿ 방 번호를 잊어버렸습니다.

Ich habe meine Zimmernummer vergessen.

이히 하베 마이네 침머눔머 풰어게쎈

✿ 옆방이 무척 시끄럽습니다.

Das Nebenzimmer ist zu laut.

다스 네벤침머 이스트 추 라우트

✿ 복도에 이상한 사람이 있습니다.

Im Korridor ist eine seltsame Person.

임 코리도어 이스트 아이네 젤차메 페어손

✿ 다른 방으로 바꿔 주시겠어요?

Könnten Sie mir bitte ein anderes Zimmer geben?

퀸텐 지 미어 비테 아인 안더레스 침머 게벤

✿ 사람 좀 올려 보내 주시겠어요?

Könnten Sie mir bitte einen Diener schicken?

퀸텐 지 미어 비테 아이넨 디-너 쉭켄

* 뜨거운 물이 나오지 않는데요.
Es kommt kein warmes Wasser.
에스 콤트 카인 봐메스 봐써

* 지금 고쳐주시겠어요?
Können Sie es bitte sofort reparieren?
쾬넨 지 에스 비테 조포어트 레파리-렌

* 화장실 물이 흐르지 않습니다.
Auf der Toilette fließt das Wasser nicht ab.
아우프 데어 토일레테 플리쓰트 다스 봐써 니히트 압

* 방이 아직 청소되어 있지 않습니다.
Das Zimmer ist noch nicht saubergemacht.
다스 침머 이스트 노흐 니히트 자우버게막흐트

* 미니바(방 냉장고)가 비어 있습니다.
Die Minibar ist leer.
디 미니바 이스트 레어

* 타월을 바꿔 주시겠어요?
Könnten Sie bitte die Handtücher wechseln?
쾬텐 지 비테 디 한트튁혀 벡셀른

| Abschnitt | **9** | 체크아웃을 준비할 때 |

* 체크아웃은 몇 시입니까
Um wie viel Uhr ist Checkout?
움 뷔 퓔 우어 이스트 첵아웃

* 몇 시에 떠날 겁니까?
Wann reisen Sie ab?
봔 라이젠 지 압

❊ 하룻밤 더 묵고 싶은데요.

Ich möchte noch eine Nacht länger bleiben.
이히 묙히테 노흐 아이네 나흐트 렝어 블라이벤

❊ 하루 일찍 떠나고 싶은데요.

Ich möchte einen Tag früher abreisen.
이히 묙히테 아이넨 탁 프뤼어 압라이젠

❊ 오후까지 방을 쓸 수 있나요?

Darf ich bis zum Nachmittag im Zimmer bleiben?
다프 이히 비스 춤 나흐미탁 임 침머 블라이벤

❊ 오전 10시에 택시를 불러 주세요.

Bitte, bestellen Sie ein Taxi um zehn Uhr am Vormittag.
비테 베슈텔렌 지 아인 탁시 움 첸 우어 암 포어미탁

Abschnitt 10 체크아웃할 때

❊ 체크아웃을 하고 싶은데요.

Ich möchte auschecken.
이히 묙히테 아우스첵켄

❊ 홍 씨이신가요? 열쇠를 주시겠습니까?

Sind Sie Herr Hong? Könnten Sie mir bitte die Schlüssel geben?
진트 지 헤어 홍 퀸텐 지 미어 비테 디 쉴리쎌 게벤

❊ 포터를 보내 주세요.

Schicken Sie bitte einen Gepäckträger.
쉭켄 지 비테 아이넨 게팩트래거

❊ 맡긴 귀중품을 꺼내 주세요.

Geben Sie bitte die bei Ihnen aufbewahrten Wertgegenstände.
게벤 지 비테 디 바이 이넨 아우프베바터 붸어트게겐슈텐데

* 출발할 때까지 짐을 맡아 주시겠어요?

Können Sie bitte mein Gepäck bis zur Abreise aufbewahren?

쾬넨 지 비테 마인 게팩 비스 추어 압라이제 아우프베봐렌

* 방에 물건을 두고 나왔습니다.

Ich habe im Zimmer meine Sachen vergessen.

이히 하베 임 침머 마이네 작헨 풰어게쎈

* 계산을 부탁합니다.

Bitte geben Sie mir die Rechnung.

비테 게벤 지 미어 디 렉히눙

* 신용카드도 됩니까?

Kann ich mit Kreditkarte zahlen?

칸 이히 밑 크레디트카르테 찰렌

* 여행자수표도 받습니까

Nehmen Sie auch Reisechecks?

네-멘 지 아우흐 라이제첵스

* 현금으로 지불하시겠습니까, 카드로 지불하시겠습니까

Möchten Sie bar zahlen oder mit Kreditkarte?

뫽히텐 지 바 찰렌 오다 밑 크레딧카르테

* 전부 포함된 겁니까?

Ist das alles inklusive?

이스트 다스 알레스 인클루시베

* 계산이 틀린 것 같은데요.

Die Rechnung scheint falsch zu sein.

디 렉히눙 샤인트 퐐쉬 추 자인

Vielen Dank. Ich hatte einen schönen Aufenthalt.
필렌 당크 이히 하테 아이넨 쉐넨 아우펜트할트

🌼 월

1월	Januer	야누어
2월	Februar	페브라
3월	März	매르쯔
4월	April	아프릴
5월	Mai	마이
6월	June	유니
7월	Juli	율리
8월	August	아구스트
9월	September	셉템버
10월	Oktober	옥토버
11월	November	노벰버
12월	Dezember	디쳄버

Kapitel 04 식당을 이용할 때

레스토랑에서 식사를 할 경우 예약을 하고 가야 하며, 복장도 신경을 쓰는 게 좋습니다. 또한 현지인에게 인기가 있는 레스토랑은 가격도 적당하고 맛있는 가게가 많습니다. 예약을 한 후 레스토랑에 도착하면 입구에서 이름을 말하고 안내를 기다립니다. 의자에 앉을 때는 여성이 안쪽으로 앉도록 하고 식사시간보다는 디저트타임이나 커피타임에 대화를 많이 합니다.

Abschnitt 1 식당을 찾을 때

★ 어디서 먹고 싶으세요?
Wo möchten Sie essen?
보 뫽히텐 지 에쎈

★ 이 근처에 맛있게 하는 음식점은 없습니까?
Gibt es in der Nähe kein schönes Restaurant?
깁트 에스 인 데어 네에 카인 쉐네스 레스토랑

★ 이곳에 한국 식당은 있습니까?
Gibt es hier ein koreanisches Restaurant?
깁트 에스 히어 아인 코레아니셰스 레스토랑

★ 가볍게 식사를 하고 싶은데요.
Ich möchte ein leichtes Essen nehmen.
이히 뫽히테 아인 라익히테스 에쎈 네멘

★ 이 시간에 문을 연 가게는 있습니까?
Gibt es ein Geschäft, das jetzt geöffnet hat?
깁트 에스 아인 게셰프트 다스 옛츠트 게외프네트 하트

✿ 이 가게는 어디에 있습니까? (책을 보이며)
Wo ist dieses Geschäft?
보 이스트 디제스 게셰프트

✿ 식당이 많은 곳은 어디입니까
Wo ist das Restaurantviertel?
보 이스트 다스 레스토랑퓌어텔

✿ 어디 특별히 정해 둔 식당이라도 있으세요?
Gibt es ein bestimmtes Restaurant?
깁트 에스 아인 베슈팀테스 레스토랑

Abschnitt 2 식당을 예약할 때

✿ 예약이 필요한가요?
Ist eine Reservierung nötig?
이스트 아이네 레저비-룽 뇌티히

✿ 그 레스토랑을 예약해 주세요.
Reservieren Sie bitte das Restaurant!
레저비-렌 지 비테 다스 레스토랑

✿ 여기서 예약할 수 있나요?
Kann ich hier reservieren?
칸 이히 히어 레저비-렌

✿ 손님은 몇 분이십니까?
Wie viele Personen sind Sie?
뷔 퓔레 페어조넨 진트 지

✿ 성함이 어떻게 되시죠?
Wie ist Ihr Name?
뷔 이스트 이어 나메

* 어떻게 연락드리면 될까요? / 연락처가 어떻게 되세요?
Wie kann ich Sie erreichen?
뷔 칸 이히 지 에어라익헨

* 몇 시가 좋으신가요?
Um wie viel Uhr ist gut?
움 뷔 필 우어 이스트 굴

* 전원 같은 자리로 해 주세요.
Ich hätte gerne alle zusammen amselben Tisch.
이히 헤테 게어네 알레 추잠멘 암젤벤 티쉬

* 금연[흡연]석으로 부탁합니다.
Einen Nichtraucherplatz[Raucherplatz] bitte.
아이넨 니히트라욱허플랏츠[라욱허플랏츠] 비테

Abschnitt **3** 식당에 들어설 때

* 몇 분이십니까?
Wie viele Personen sind Sie?
뷔 필레 페어조넨 진트 지

* 예약은 하지 않았습니다.
Ich habe nicht reserviert.
이히 하베 니히트 레저비어트

* 금연석을 부탁합니다.
Einen Nichtraucherplatz, bitte.
아이넨 니히트라욱허플랏츠 비테

* 지금 자리가 다 찼는데요.
Es ist im Moment voll besetzt.
에스 이스트 임 모멘트 풜 베젯츠트

* 주문을 받아도 될까요?
Möchten Sie bestellen?
뫽히텐 지 베슈텔렌

* 요리는 어떻게 익혀 드릴까요?
Wie möchten Sie Ihr Essen?
뷔 뫽히텐 지 이어 에쎈

* 마실 것은 무엇으로 하시겠습니까?
Was möchten Sie trinken?
봐스 뫽히텐 지 트링켄

* 다른 주문은 없습니까?
Haben Sie noch einen anderen Wunsch?
하벤 지 노흐 아이넨 안더렌 분쉬

* 디저트는 어떻게 하시겠습니까?
Was möchten Sie zum Nachtisch?
봐스 뫽히텐 지 춤 나흐티쉬

* 메뉴 좀 볼 수 있을까요?
Die Speisekarte, bitte.
디 슈파이제카르테 비테

* 주문을 하고 싶은데요.
Ich möchte bestellen.
이히 뫽히테 베슈텔렌

✱ 이걸 부탁합니다.
Ich hätte gerne dies.
이히 헤테 게어네 디스

✱ 이것과 이것으로 주세요. (메뉴를 가리키며)
Ich hätte gerne das und das.
이히 헤테 게어네 다스 운트 다스

✱ 무엇이 빨리 됩니까?
Was wird schnell serviert?
봐스 뷔어트 슈넬 저뷔어트

✱ 이건 어떤 맛입니까?
Wie schmeckt das?
뷔 슈멕트 다스

✱ 무엇을 주문해야 할지 모르겠군요.
Ich weiß nicht, was ich bestellen soll?
이히 봐이쓰 니히트 봐스 이히 베슈텔렌 졸

✱ 오늘의 특별 요리는 뭐죠?
Was ist das Spezialgericht heute?
봐스 이스트 다스 슈페치알게릭히트 호이테

✱ 이곳의 전문 요리는 뭐죠?
Was ist die Spezialität hier?
봐스 이스트 디 슈페치알리테트 히어

✱ 잠시 후에 주문을 받으시겠습니까?
Ich möchte etwas später bestellen.
이히 뫽히테 에트봐스 슈페터 베슈텔렌

✱ 저 사람이 먹고 있는 건 뭡니까?
Was ist das, was er[sie] dort isst?
봐스 이스트 다스 봐스 에어[지] 도어트 이쓰트

* 이거 먹는 법 좀 가르쳐 주세요.

Bitte erklären Sie mir, wie man das isst!

비테 에어클레-렌 지 미어 뷔 만 다스 이쓰트

* 이건 어떻게 먹으면 됩니까?

Wie isst man dies?

뷔 이쓰트 만 디스

* 이 고기는 무엇입니까?

Welches Fleisch ist das?

뷀헤스 플라이쉬 이스트 다스

* 이것은 무슨 재료를 사용한 겁니까?

Welche Zutaten hat man hier benutzt?

뷀헤 추타텐 핱 만 히어 베눗츠트

* 빵을 좀 더 주실래요?

Könnten Sie mir bitte noch etwas mehr Brot bringen?

퀸텐 지 미어 비테 노흐 에트봐스 메어 브로트 브링엔

* 디저트 메뉴는 있습니까?

Gibt es ein Nachtischmenü?

깁트 에스 아인 나흐티쉬메뉴

* 물 한 잔 주세요.

Bitte bringen Sie mir ein Glas Wasser!

비테 브링엔 지 미어 아인 글라스 봐써

❋ 소금 좀 갖다 주시겠어요?

Bitte bringen Sie mir Salz!

비테 브링엔 지 미어 잘츠

❋ 나이프[포크]를 떨어뜨렸습니다.

Ich habe das Messer[die Gabel] fallen lassen.

이히 하베 다스 메써[디 가벨] 팔렌 라쎈

❋ ~을 추가로 부탁합니다.

Bitte bringen Sie mir etwas mehr ~

비테 브링엔 지 미어 에트봐스 메어

Abschnitt 8 주문에 문제가 있을 때

❋ 아직 시간이 많이 걸립니까?

Dauert es noch lang?

다우어트 에스 노흐 랑

❋ 주문한 음식이 아직 안 나왔습니다.

Das bestellte Gericht ist noch nicht serviert.

다스 베슈텔테 게릭히트 이스트 노흐 니히트 저비어트

❋ 주문한 것 어떻게 된 거죠?

Gibt es Probleme mit meiner Bestellung?

깁트 에스 프로블래매 밑 마이너 베슈텔룽

❋ 아직 오래 걸리나요?

Dauert es noch lang?

다우어트 에스 노흐 랑

❋ 이건 주문하지 않았습니다.

Dies habe ich nicht bestellt.

디스 하베 이히 니히트 베슈텔트

❋ 다시 가져다주시겠어요?
Können Sie mir bitte ein Neues bringen?
퀸넨 지 미어 비테 아인 노이에스 브링엔

❋ 수프에 뭐가 들어 있어요.
Irgendetwas ist in der Suppe.
이어겐트에트봐스 이스트 인 데어 주페

❋ 음식에 이상한 것이 들어 있어요.
Etwas Seltsames ist im Gericht.
에트봐스 젤차메스 이스트 임 게리히트

❋ 이 고기는 충분히 익지 않았는데요.
Das Fleisch ist nicht ganz gar.
다스 플라이쉬 이스트 니히트 간츠 가

❋ 좀 더 구워 주시겠어요?
Können Sie es bitte etwas mehr braten?
퀸넨 지 에스 비테 에트봐스 메어 브라텐

❋ 이 우유 맛이 이상합니다.
Diese Milch schmeckt nicht gut.
디제 밀히 슈멕트 니히트 굳

❋ 이 음식이 상한 것 같아요.
Dies Gericht scheint verdorben zu sein.
디스 게릭히트 샤인트 풰어도어벤 추 자인

❋ 글라스가 더럽습니다.
Das Glas ist schmutzig.
다스 글라스 이스트 슈뭇치히

Abschnitt **10** 주문을 바꾸거나 취소할 때

* 다른 것으로 바꿔 주세요.
Bitte, bringen Sie mir ein Neues.
비테 브링엔 지 미어 아인 노이에스

* 주문을 바꿔도 될까요?
Darf ich meine Bestellung ändern?
다프 이히 마이네 베슈텔룽 엔데언

* 주문을 취소하고 싶은데요.
Ich möchte meine Bestellung zurücknehmen.
이히 묔히테 마이네 베슈텔룽 추뤽네-멘

Abschnitt **11** 식사를 마칠 때

* 다른 것을 더 드시겠습니까?
Möchten Sie noch etwas anderes nehmen?
묔히텐 지 노흐 에트봐스 안더레스 네-멘

* 그밖에 다른 것은요?
Noch anderes?
노흐 안더레스

* 치즈 좀 더 주시겠어요?
Könnten Sie mir noch etwas mehr Käse bringen?
퀸텐 지 미어 노흐 에트봐스 메어 케제 브링엔

* 식탁 좀 치워 주시겠어요?
Könnten Sie den Tisch abräumen?
퀸텐 지 덴 티쉬 압로이멘

* 테이블 위에 물 좀 닦아 주세요.
Bitte wischen Sie das Wasser auf dem Tisch ab!
비테 뷔셴 지 다스 봐써 아우프 뎀 티쉬 압

* 이 접시들 좀 치워 주시겠어요?
Könnten Sie diese Teller abräumen?
퀸텐 지 디-제 텔러 압로이멘

* 물 좀 더 주시겠어요?
Könnten Sie mir noch etwas mehr Wasser bringen?
퀸텐 지 미어 노흐 에트봐스 메어 봐써 브링엔

Abschnitt	**12**	디저트를 주문할 때

* 디저트를 주세요.
Bitte bringen Sie mir den Nachtisch!
비테 브링엔 지 미어 덴 나흐티쉬

* 디저트는 뭐가 있나요?
Was haben Sie zum Nachtisch?
봐스 하벤 지 춤 나흐티쉬

* 지금 디저트를 주문하시겠습니까?
Möchten Sie jetzt Nachtisch bestellen?
뫽히텐 지 옛츠트 나흐티쉬 베슈텔렌

* 커피만 주세요.
Nur Kaffee, bitte!
누어 카페 비테

* 계산서를 부탁합니다.
  Die Rechnung, bitte!
  디 렉히눙 비테

* 지금 지불할까요?
  Darf ich jetzt bezahlen?
  다프 이히 옛츠트 베찰렌

* 각자 계산하기로 합시다, 어때요
  Zahlen wir getrennt. Was meinen Sie?
  찰렌 뷔어 게트렌트 봐스 마이넨 지

* 이번에는 내가 사죠.
  Diesmal zahle ich alles zusammen.
  디스말 찰레 이히 알레스 추잠멘

* 따로따로 지불을 하고 싶은데요.
  Wir möchten getrennt zahlen.
  뷔어 묔히텐 게트렌트 찰렌

* 봉사료는 포함되어 있습니까?
  Ist Trinkgeld inklusive?
  이스트 트링크겔트 인클루시베

* 청구서에 잘못된 것이 있습니다.
  Die Rechnung scheint falsch zu sein.
  디 렉히눙 샤인트 퐐쉬 추 자인

* 이건 주문하지 않았습니다.
  Das habe ich nicht bestellt.
  다스 하베 이히 니히트 베슈텔트

❋ 이 근처에 패스트푸드점은 있습니까?

Gibt es in der Nähe ein Fastfoodrestaurant?

깁트 에스 인 데어 네에 아인 패스트푸드레스토랑

❋ 주문하시겠어요?

Was möchten Sie bestellen?

봐스 뫼히텐 지 베슈텔렌

❋ 2번 세트로 주세요.

Ich hätte gerne Set zwei.

이히 헤테 게어네 세트 츠봐이

❋ 어느 사이즈로 하시겠습니까?

Welche Größe möchten Sie?

뷀헤 그뢰쎄 뫼히텐 지

❋ 마실 것은요?

Zu Trinken?

추 트링켄

❋ 여기서 드실 건가요, 가지고 가실 건가요?

Möchten Sie hier essen, oder Mitnehmen?

뫼히텐 지 히어 에쎈 오다 밑네-멘

❋ 가지고 갈 거예요.

Zum Mitnehmen bitte.

춤 밑네-멘 비테

❋ 이 자리에 앉아도 되겠습니까?

Darf ich hier Platz nehmen?

다프 이히 히어 플랏츠 네-멘

Kapitel 05 관광을 할 때

관광안내소에는 무료의 시내지도, 지하철, 버스 노선도 등이 구비되어 있는 경우가 많으므로 정보수집에 편리합니다. 미술관이나 박물관은 휴관일을 확인하고 나서 일정을 잡읍시다. 요일에 따라서 개관을 연장하거나 할인요금이나 입장료가 달라지는 곳도 있으므로 가이드북을 보고 확인합시다. 교회나 성당은 관광지이기 전에 신성한 종교 건물입니다. 들어갈 때 정숙하지 못한 복장이나 소란은 삼가야 합니다.

Abschnitt 1 관광안내소에서

✱ 관광안내소는 어디에 있습니까?
Wo ist die Touristeninformation?
보 이스트 디 루어리스텐인포마치온

✱ 안녕하세요. 무엇을 도와드릴까요?
Guten Tag. Was kann ich für Sie tun?
구텐 탁 봐스 칸 이히 퓌어 지 툰

✱ 관광안내 책자를 하나 주시겠어요?
Können Sie mir bitte eine Touristenbroschüre geben?
쾬넨 지 미어 비테 아이네 투어리스텐브로쉬레 게벤

✱ 무료 시내지도 있습니까?
Haben Sie einen kostenlosen Stadtplan?
하벤 지 아이넨 코스텐로젠 슈타트플란

✱ 관광지도 좀 주시겠어요?
Können Sie mir bitte eine Touristenlandkarte geben?
쾬넨 지 미어 비테 아이네 투어리스텐란트카르테 게벤

✿ 도시 관광에는 어떤 것들이 있나요?
Was für Tourprogramme gibt es in dieser Stadt?
바스 퓌어 투어프로그람매 깁트 에스 인 디저 슈타트

✿ 여기서 볼만한 곳을 가르쳐 주시겠어요?
Möchten Sie mir bitte Sehenswürdigkeiten von hier empfehlen?
뫽히텐 지 미어 비테 제엔스뷔어디히카이텐 폰 히어 엠펠렌

✿ 당일치기로 어디에 갈 수 있습니까?
Wohin kann man eine Tagestour machen?
보힌 칸 만 아이네 타게스투어 막헨

✿ 젊은 사람이 가는 곳은 어디입니까?
Was ist der Lieblingsort der jungen Leute?
바스 이스트 데어 리블링스오어트 데어 융엔 로이테

✿ 여기서 표를 살 수 있습니까?
Kann ich hier das Ticket kaufen?
칸 이히 히어 다스 티켓 카우펜

✿ 할인 티켓은 있나요?
Gibt es ermäßigte Tickets?
깁트 에스 에어메씩테 티켓츠

✿ 지금 축제는 하고 있나요?
Findet das Fest jetzt statt?
핀데트 다스 풰스트 옛츠트 슈타트

✿ 벼룩시장 같은 것은 있나요?
Gibt es soetwas wie einen Flohmarkt?
깁트 에스 조에트바스 뷔 아이넨 플로-마크트

✿ 여기서 걸어서 갈 수 있습니까?
Kann ich von hier zu Fuß gehen?
칸 이히 폰 히어 추 푸쓰 게엔

✿ 어떤 투어가 있습니까?

Was für Tourprogramme gibt es?

봐스 퓌어 투어프로그람매 깁트 에스

✿ 관광버스 투어는 있습니까?

Gibt es eine Reisebustour?

깁트 에스 아이네 라이제부스투어

✿ 투어는 매일 있습니까?

Gibt es eine Tour jeden Tag?

깁트 에스 아이네 투어 예덴 탁

✿ 오전 코스는 있습니까?

Gibt es eine Vormittagstour?

깁트 에스 아이네 포어미탁스투어

✿ 야간관광은 있습니까?

Gibt es eine Abendtour?

깁트 에스 아이네 아벤트투어

✿ 투어는 몇 시간 걸립니까?

Wie lang dauert die Tour?

뷔 랑 다우어트 디 투어

✿ 식사는 나옵니까?

Wird Essen angeboten?

뷔어트 에쎈 안게보-텐

✿ 시간은 얼마나 걸립니까?

Wie lang dauert es?

뷔 랑 다우어트 에스

✿ 몇 시에 출발합니까?

Um wie viel Uhr ist die Abfahrtzeit?

움 뷔 퓔 우어 이스트 디 압퐈-트차이트

✿ 어디서 출발합니까?

Wo ist der Abfahrtsort?

보 이스트 데어 압퐈-트오어트

✿ 몇 시에 돌아옵니까?

Um wie viel Uhr kommen wir zurück?

움 뷔 퓔 우어 컴멘 뷔어 추뤽

✿ 한국어 가이드는 있나요?

Gibt es eine koreanische Führung?

깁트 에스 아이네 코레아니셰 퓌룽

✿ 한 명당 비용은 얼마입니까?

Wie viel kostet es pro Person?

뷔 퓔 코스테트 에스 프로 페어존

<table>
<tr><td>Abschnitt</td><td>3</td><td>관광버스 안에서</td></tr>
</table>

✿ 지금 어디로 가고 있습니까?

Wohin fahren wir jetzt?

보힌 퐈렌 뷔어 옛츠트

✿ 저것은 무엇입니까?

Was ist das?

봐스 이스트 다스

✿ 저것은 무슨 강입니까?

Welcher Fluss ist das?

뷀혀 플루쓰 이스트 다스

- 저것은 무슨 산입니까?

  Welcher Berg ist das?

  뷀허 베어크 이스트 다스

- 차 안에 화장실이 있습니까?

  Gibt es Toiletten im Bus?

  깁트 에스 토일레텐 임 부스

- 여기서 얼마나 머뭅니까?

  Wie weit ist es von hier?

  뷔 바이트 이스트 에스 폰 히어

■ 브란덴부르크 문

- 시간은 어느 정도 있습니까?

  Wie viel Zeit haben wir?

  뷔 뷜 차이트 하벤 뷔어

- 몇 시에 버스로 돌아오면 됩니까?

  Bis wann muss ich zum Bus zurückkommen?

  비스 봔 무쓰 이히 춤 부스 추뤽컴멘

Abschnitt 4 입장권을 구입할 때

- 티켓은 어디서 삽니까?

  Wo kann ich das Ticket kaufen?

  보 칸 이히 다스 티켓 카우펜

- 입장료는 유료입니까?

  Ist der Eintritt kostenpflichtig?

  이스트 데어 아인트릿트 코스텐플리히티히

- 입장료는 얼마입니까?

  Wie viel kostet der Eintritt?

  뷔 뷜 코스테트 데어 아인트리트

✿ 어른 2장 주세요.

Geben Sie mir bitte Tickets für zwei Erwachsene!
게벤 지 미어 비테 티켓츠 퓌어 츠봐이 에어박세네

✿ 학생 1장 주세요.

Geben Sie mir bitte ein Ticket für Schüler!
게벤 지 미어 비테 아인 티켓 퓌어 쉴러

✿ 단체할인은 해 줍니까?

Gibt es Ermäßigung für Gruppen?
깁트 에스 에어메씨궁 퓌어 그룹펜

Abschnitt **5** 관광지에서

✿ 정말 아름다운 경치군요!

Was für eine schöne Landschschaft!
봐스 퓌어 아이네 쉐네 란트샤프트

✿ 전망이 기가 막히는군요!

Wie schön die Aussicht ist!
뷔 쉔 디 아우스직히트 이스트

✿ 저 동상은 뭐죠?

Was ist das Denkmal?
봐스 이스트 다스 뎅크말

✿ 이게[저게] 뭐죠?

Was ist dies[das]?
봐스 이스트 디스[다스]

✿ 저게 뭔지 아세요?

Wissen Sie, was das ist?
뷔쎈 지 봐스 다스 이스트

■ 슈바빙

✿ 저 건물은 무엇입니까?

Was ist das für ein Gebäude?

봐스 이스트 다스 퓌어 아인 게보이데

✿ 언제 세워졌습니까?

Wann wurde das gebaut?

봔 부어데 다스 게바우트

✿ 퍼레이드는 언제 있습니까?

Wann findet die Parade statt?

봔 퓐데트 디 파라데 슈타트

✿ 화장실은 어디에 있습니까?

Wo ist die Toilette?

보 이스트 디 토일레테

Abschnitt 6 관람을 할 때

✿ 이 티켓으로 모든 전시를 볼 수 있습니까?

Kann ich mit diesem Ticket alle Ausstellungen sehen?

칸 이히 밑 디젬 티켓 알레 아우스슈텔룽엔 제엔

✿ 무료 팸플릿은 있습니까?

Gibt es eine kostenlose Broschüre?

깁트 에스 아이네 코스텐로제 브로쉬레

✿ 짐을 맡아 주세요.

Bitte, bewahren Sie meine Tasche auf!

비테 베봐렌 지 마이네 타셰 아우프

✿ 관내를 안내할 가이드는 있습니까?

Gibt es Führungen?

깁트 에스 퓌룽엔

✿ 그 박물관은 오늘 엽니까?

Ist das Museum heute offen?
이스트 다스 부제움 호이테 오펜

✿ 단체할인은 있나요?

Gibt es Ermäßigung für Gruppen?
깁트 에스 에어메씨궁 퓌어 그룹펜

✿ 재입관할 수 있습니까?

Kann ich wieder eintreten?
칸 이히 뷔더 아인트레텐

✿ 오늘 밤에는 무엇을 상영합니까?

Was wird heute Abend vorgeführt?
봐스 뷔어트 호이테 아벤트 포어게퓌어트

✿ 오늘 표는 아직 있습니까?

Gibt es noch ein Ticket für heute?
깁트 에스 노흐 아인 티켓 퓌어 호이테

✿ 몇 시에 시작됩니까?

Um wie viel Uhr beginnt es?
움 뷔 퓔 우어 베긴트 에스

✿ 가장 좋은 자리를 주세요.

Geben Sie mir bitte den besten Platz!
게벤 지 미어 비테 덴 베스텐 플랏츠

✿ 둘이서 나란히 앉을 수 있나요?

Können wir beide nebeneinander sitzen?
퀸넨 뷔어 바이데 네벤아인안더 짓첸

✿ 환불받을 수 있나요?

Kann ich eine Rückerstattung bekommen?
칸 이히 아이네 뤽에어슈타퉁 베컴멘

Abschnitt 7 사진 촬영을 허락받을 때

✱ 여기서 사진을 찍어도 됩니까?

Darf ich hier Fotos machen?

다프 이히 히어 포토스 막헨

✱ 여기서 플래시를 터뜨려도 됩니까?

Darf ich hier Blitzlicht benutzen?

다르 이히 히어 블릿츠리히트 베눗첸

✱ 비디오 촬영을 해도 됩니까?

Darf ich hier ein Video aufnehmen?

다프 이히 히어 아인 비디오 아우프네-멘

✱ 당신 사진을 찍어도 되겠습니까?

Darf ich Fotos machen?

다프 이히 포토스 막헨

✱ 함께 사진을 찍으시겠습니까?

Darf ich mit Ihnen zusammen ein Foto machen?

다프 이히 밑 이넨 추잠멘 아인 포토 막헨

Abschnitt 8 사진 촬영을 부탁할 때

✱ 제 사진을 찍어 주시겠어요?

Könnten Sie bitte ein Foto machen?

쾬텐 지 비테 아인 포토 막헨

✱ 저희들 사진 좀 찍어 주시겠어요?

Könnten Sie bitte ein Foto von uns machen?

쾬텐 지 비테 아인 포토 폰 운스 막헨

❊ 한 장 더 부탁합니다.

Ich bitte noch um eine Foto.

이히 비테 노흐 움 아이네 포토

❊ 나중에 사진을 보내 드리겠습니다.

Nachher schicke ich Ihnen das Foto.

나흐헤어 쉭케 이히 이넨 다스 포토

❊ 주소를 여기에 적어 주시겠어요?

Möchten Sie bitte hier Ihre Adresse aufschreiben?

뫽히텐 지 비테 히어 이-레 아드레쎄 아우프슈라이벤

새벽	Morgendämmerung	모르겐데메룽
아침	Morgen	모르겐
오전	Vormittag	포어미탁
점심	Mittag	미탁
오후	Nachmittag	나흐미탁
저녁	Abend	아벤트
밤	Nacht	낙흐트

가게에 들어가면 점원에게 가볍게 Hallo!라고 인사를 합시다. Was möchten Sie?(무엇을 찾으십니까? / 어서 오세요.)이라고 물었을 때 살 마음이 없는 경우에는 Ich möchte nur anschauen(그냥 둘러볼게요.)이라고 대답합니다. 말을 걸었는데 대답을 하지 않거나 무시하는 것은 상대에게 실례가 됩니다.

Abschnitt 1 쇼핑센터를 찾을 때

❋ 쇼핑센터는 어디에 있습니까?

Wo ist das Einkaufszentrum?

보 이스트 다스 아인카우프스첸트룸

❋ 이 도시의 쇼핑가는 어디에 있습니까?

In welcher straße dieser Stadt ist das Einkaufszentrum?

인 뷀혀 슈트라쎄 디저 슈타트 이스트 다스 아인카우프스첸트룸

❋ 쇼핑 가이드는 있나요?

Gibt es eine Broschüre des Einkaufszentrums?

깁트 에스 아이네 브로쉬레 데스 아인카우프트첸트룸스

❋ 선물은 어디서 살 수 있습니까?

Wo kann ich Geschenke kaufen?

보 칸 이히 게솅케 카우펜

❋ 면세점은 있습니까?

Gibt es Duty-free Geschäfte?

깁트 에스 듀디 프리 게셰프테

✿ 실례합니다. 백화점은 어디 있습니까?

Entschuldigung, Wo ist das Kaufhaus?

엔슐디궁 보 이스트 다스 카우프하우스

✿ 편의점을 찾고 있습니다.

Ich suche einen Kiosk.

이히 죽헤 아이넨 키오스크

✿ 이 주변에 할인점은 있습니까?

Gibt es ein Outlet in der Nähe von hier?

깁트 에스 아인 아웃렛 인 데어 네에 폰 히어

Abschnitt 2 매장을 찾을 때

✿ 매장에 대한 정보는 어디서 얻을 수 있습니까?

Wo gibt es Informationen über das Geschäft?

보 깁트 에스 인포마치오넨 위버 다스 게셰프트

✿ 장난감은 어디서 팝니까?

Wo kann ich Spielzeug kaufen?

보 칸 이히 슈필초익 카우펜

✿ 남성복은 몇 층에 있습니까?

In welchem Stock ist die Herrenmode?

인 뷀헴 슈톡 이스트 디 헤렌모데

✿ 가장 가까운 식료품점은 어디에 있습니까?

Wo ist das nächste Lebensmittelgeschäft?

보 이스트 다스 넥스테 레벤스미텔게셰프트

✿ 세일은 어디서 하고 있습니까?

Wo gibt es Sonderverkauf?

보 깁트 에스 존더풰어카우프

266

Abschnitt **3** 가게로 가고자 할 때 

❋ 그건 어디서 살 수 있나요?
Wo kann ich das kaufen?
보 칸 이히 다스 카우펜

❋ 몇 시에 문을 엽니까?
Ab wie viel Uhr ist offen?
압 뷔 퓔 우어 이스트 오펜

❋ 영업시간은 몇 시부터 몇 시까지입니까?
Von wann bis wann ist offen?
폰 봔 비스 봔 이스트 오펜

❋ 몇 시까지 합니까?
Bis wie viel Uhr ist offen?
비스 뷔 퓔 우어 이스트 오펜

Abschnitt **4** 가게에 들어서서 

❋ 무엇을 도와드릴까요? / 무엇을 드릴까요?
Was kann ich für Sie tun?
봐스 칸 이히 퓌어 지 툰

❋ 무얼 찾으십니까?
Was möchten Sie?
봐스 뫽히텐 지

❋ 필요한 것이 있으면 말씀하십시오.
Sagen Sie bitte, was Sie brauchen!
자겐 지 비테 봐스 지 브라욱헨

* 여기 잠깐 봐 주시겠어요?
Einen Moment bitte!
아이넨 모멘트 비테

* 블라우스를 찾고 있습니다.
Ich suche eine Bluse.
이히 죽헤 아이네 블루제

* 운동화를 사고 싶은데요.
Ich möchte Turnschuhe kaufen.
이히 묔히테 투언슈에 카우펜

* 아내에게 선물할 것을 찾고 있습니다.
Ich suche ein Geschenk für meine Frau.
이히 죽헤 아인 게셴크 퓌어 마이네 프라우

* 캐주얼한 것을 찾고 있습니다.
Ich suche Freizeitkleidung.
이히 죽헤 프라이차이트클라이둥

* 선물로 적당한 것은 없습니까?
Gibt es nichts Gutes zum Verschenken?
깁트 에스 니히츠 구테스 춤 풰어셴켄

* 면으로 된 것이 필요한데요.
Ich brauche etwas aus Baumwolle.
이히 브라욱헤 에트봐스 아우스 바움뷜레

* 이것과 같은 것은 있습니까?
Gibt es so was wie dies?
깁트 에스 조 봐스 뷔 디스

❋ 다른 것을 보여 주시겠어요?
Könnten Sie mir etwas anderes zeigen?
퀸텐 지 미어 에트봐스 안더레스 차이겐

❋ 잠깐 다른 것을 보겠습니다.
Einen Moment, ich möchte mir etwas anderes anschauen.
아이넨 모멘트 이히 뫽히테 미어 에트봐스 안더레스 안샤우엔

❋ 이 물건 있습니까?
Gibt es diesen Artikel?
깁트 에스 디젠 아티켈

❋ 저희 상품들을 보여 드릴까요?
Möchten Sie unsere Waren anschauen?
뫽히텐 지 운저레 봐렌 안샤우엔

❋ 마음에 드는 게 없군요.
Leider gefällt mir nichts.
라이더 게퓂트 미어 니히츠

❋ 그런 상품은 취급하지 않습니다.
Wir haben so etwas nicht.
뷔어 하벤 조 에트봐스 니히트

❋ 즉시 갖다 드리겠습니다.
Ich bringe es sofort.
이히 브링에 에스 조포어트

❋ 어떤 상표를 원하십니까?
Welche Marke möchten Sie?
뷀혜 마-케 뫽히텐 지

● 무슨 색이 있습니까?
Welche Farben gibt es?
뷀혜 퐈벤 깁트 에스

● 너무 화려[수수]합니다.
Es ist zu luxuriös[einfach].
에스 이스트 추 룩수리외스[아인퐈흐]

● 더 화려한 것은 있습니까?
Gibt es nicht noch Luxuriöseres?
깁트 에스 니히트 노흐 룩수리외서레스

● 이 색은 좋아하지 않습니다.
Ich mag diese Farbe nicht.
이히 막 디제 퐈-메 니히트

● 감청색으로 된 것을 좀 볼 수 있겠습니까?
Gibt es diesen Artikel in ultramarinblau?
깁트 에스 디-젠 아티켈 인 울트라마린블라우

● 무늬가 없는 것은 없습니까?
Gibt es diesen Artikel ohne Muster?
깁트 에스 디젠 아티켈 오네 무스터

● 푸른색의 것을 찾고 있습니다.
Ich suche etwas Blaues.
이히 죽헤 에트봐스 블라우에스

● 노란색으로 된 것이 있습니까?
Gibt es etwas Gelbes?
깁트 에스 에트봐스 겔베스

Abschnitt 8 디자인을 고를 때

❋ 어떤 디자인이 유행하고 있습니까?
Weches Design ist in Mode?
뷀혜스 디자인 이스트 인 모데

❋ 이런 디자인은 좋아하지 않습니다.
Dieses Design mag ich nicht.
디제스 디자인 막 이히 니히트

❋ 다른 디자인은 있습니까?
Gibt es ein anderes Design?
깁트 에스 아인 안더레스 디자인

❋ 디자인이 비슷한 것은 있습니까?
Gibt es etwas mit ähnlichem Design.
깁트 에스 에트봐스 밑 엔릭헴 디자인

Abschnitt 9 사이즈를 고를 때

❋ 어떤 사이즈를 찾으십니까?
Welche Größe möchten Sie?
뷀혜 그뢰쎄 뫽히텐 지

❋ 사이즈는 이것뿐입니까?
Haben Sie nur diese Größe?
하벤 디 누어 디제 그뢰쎄

❋ 제 사이즈를 모르겠는데요.
Ich weiß meine Größe nicht.
이히 봐이쓰 마이네 그뢰쎄 니히트

✿ 사이즈를 재 주시겠어요?

Könnten Sie bitte meine Größe messen?

퀸텐 지 비테 마이네 그뢰쎄 메쎈

✿ 더 큰 것은 있습니까?

Gibt es noch Größeres?

깁트 에스 노흐 그뢰쩌레스

✿ 더 작은 것은 있습니까?

Gibt es noch Kleineres?

깁트 에스 노흐 클라이너레스

Abschnitt 10 사이즈가 맞지 않을 때 

✿ 이 재킷은 제게 맞지 않습니다.

Diese Jacke passt mir nicht.

디제 약케 파쓰트 미어 니히트

✿ 조금 큰 것 같군요.

Es scheint zu groß.

에스 샤인트 추 그로쓰

✿ 너무 큽니다.

Es ist zu groß.

에스 이스트 추 그로쓰

✿ 너무 헐렁합니다.

Es ist zu groß.

에스 이스트 추 그로쓰

✿ 너무 작습니다.

Es ist zu klein.

에스 이스트 추 클라인

* 너무 꽉 낍니다.
  ### Es ist zu eng.
  에스 이스트 추 엥

* 좀 더 짧은 걸로 부탁합니다.
  ### Ich möchte ein Kleineres.
  이히 뫼히테 아인 클라이너레스

Abschnitt 11 품질을 물을 때

* 재질은 무엇입니까?
  ### Welcher Stoff ist das?
  뷀혀 슈토프 이스트 다스

* 미국제품입니까?
  ### Ist das in Amerika hergestellt?
  이스트 다스 인 아메리카 헤어게슈텔트

* 질은 괜찮습니까?
  ### Ist die Qualität gut?
  이스트 디 크봘리테트 굳

* 이건 실크 100%입니까?
  ### Ist dies reine Seide?
  이스트 디스 라이네 자이데

* 이건 수제품입니까?
  ### Ist dies handgemacht?
  이스트 디스 한트게막흐트

* 이건 무슨 향입니까?
  ### Welcher Duft ist dies?
  뷀혀 두프트 이스트 디스

❀ 너무 비쌉니다.

Das ist zu teuer.

다스 이스트 추 토이어

❀ 깎아 주시겠어요?

Gibt es einen ermäßigten Preis?

깁트 에스 아이넨 에어메씩텐 프라이스

❀ 더 싼 것은 없습니까?

Gibt es nicht Billigeres?

깁트 에스 니히트 빌리거레스

❀ 더 싸게 해 주실래요?

Gibt es einen ermäßigten Preis?

깁트 에스 아이넨 에어메씩텐 프라이스

❀ 깎아주면 사겠습니다.

Ich kaufe es, wenn Sie den Preis senken.

이히 카우페 에스 벤 지 덴 프라이스 젱켄

❀ 현금으로 지불하면 더 싸게 됩니까?

Ist das billiger, wenn ich bar zahle?

이스트 다스 빌리거 벤 이히 바 찰레

❀ 30달러로 안 되겠습니까?

Ist das unmöglich mit dreißig Dollar / Reichen dreißig Dollar?

이스트 다스 운뫼글리히 밑 드라이씩 돌라 / 라익헨 드라이씩 돌라

❀ 제가 예상했던 것보다 비싸군요.

Es ist teuerer als ich gedacht habe.

에스 이스트 토이어러 알스 이히 게닥흐트 하베

Abschnitt **13** 가격을 물을 때 

⁕ 이건 얼마입니까?

Wie viel kostet dies?

뷔 필 코스테트 디스

⁕ 하나에 얼마입니까?

Wie viel kostet ein Stück?

뷔 필 코스테트 아인 슈튁

⁕ 전부 해서 얼마나 됩니까?

Wie viel kostet alles zusammen?

뷔 필 코스테트 알레스 추잠멘

⁕ 세금이 포함된 가격입니까?

Ist der Preis inklusive Steuer?

이스트 데어 프라이스 인클루지베 슈토이어

Abschnitt **14** 지불 방법을 결정할 때 

⁕ 지불은 어떻게 하시겠습니까?

Wie möchten Sie zahlen?

뷔 묔히텐 지 찰렌

⁕ 카드도 됩니까?

Kann ich mit Kreditkarte zahlen?

칸 이히 밑 크레디트카르테 찰렌

⁕ 신용카드로 계산하겠습니다.

Ich möchte mit Kreditkarte zahlen.

이히 묔히테 밑 크레디트카르테 찰렌

❋ 이걸로 하겠습니다.
Ich nehme dies.
이히 네메 디스

❋ 어디서 계산을 하죠?
Wo ist die Kasse?
보 이스트 디 카쎄

❋ 이것도 좀 계산해 주시겠어요?
Möchten Sie dies bitte zusammenrechnen?
뫽히텐 지 디스 비테 추잠멘 레히넨

❋ 아참, 이 셔츠도 계산에 넣어 주세요.
Ach, Rechnen Sie bitte dieses Hemd dazu!
아흐 레히넨 지 비테 디제스 헴트 다추

❋ 거스름돈이 모자라는 것 같군요.
Das Wechselgeld scheint nicht korrekt.
다스 뷕셀겔트 샤인트 니히트 코렉트

❋ 거스름돈을 더 주셨습니다.
Das ist zu viel Wechselgeld.
다스 이스트 추 필 뷕셀겔트

❋ 영수증 좀 끊어 주세요.
Den Kassenzettel bitte.
덴 카쎈체텔 비테

❋ 영수증을 받으십시오.
Nehmen Sie bitte den Kassenzettel!
네멘 지 비테 덴 카쎈체텔

Abschnitt **16** 포장을 원할 때

✿ 봉지를 주시겠어요?
Können Sie mir eine Tüte geben?
퀸넨 지 미어 아이네 튜테 게벤

✿ 이걸 선물용으로 포장해 주시겠어요?
Können Sie dies bitte als Geschenk einpacken?
퀸넨 지 디스 비테 알스 게솅크 아인팍켄

✿ 따로따로 포장해 주세요.
Packen Sie das bitte getrennt ein!
팍켄 지 다스 비테 게트렌트 아인

✿ 이거 넣을 박스 좀 얻을 수 있나요?
Möchten Sie mir dafür eine Schachtel geben?
뫽히텐 지 미어 다퓌어 아이네 샥흐텔 게벤

✿ 이거 포장할 수 있나요? 우편으로 보내고 싶은데요.
Möchten Sie dies einpacken? Ich möchte es per Post verschicken.
뫽히텐 지 디스 아인팍켄 이히 뫽히테 에스 퍼 포스트 퓌어쉭켄

Abschnitt **17** 배달을 원할 때

✿ 이걸 ○○호텔까지 갖다 주시겠어요?
Könnten Sie dies bitte bis zum Hotel ○○ bringen?
퀸텐 지 디스 비테 비스 춤 호텔 OO 브링엔

✿ 언제 배달해 주시겠습니까?
Wann möchten Sie das liefern?
봔 뫽히텐 지 다스 리-펀

❋ 별도로 요금이 듭니까?
Gibt es Extrakosten?
깁트 에스 엑스트라코스텐

❋ 이 카드와 함께 보내 주세요.
Liefern Sie das bitte mit dieser Karte!
리-펀 지 다스 비테 밑 디저 카르테

❋ 이 주소로 보내 주세요.
Liefern Sie das bitte an diese Adresse!
리펀 지 다스 비테 안 디제 아드레쎄

Abschnitt **18** 배송을 원할 때

❋ 이 가게에서 한국으로 발송해 주시겠어요?
Können Sie das bitte in diesem Geschäft nach Korea senden?
쾬넨 지 다스 비테 인 디젬 게셰프트 나흐 코레아 젠덴

❋ 한국 제 주소로 보내 주시겠어요?
Können Sie das bitte an meine Adresse in Korea senden?
쾬넨 지 다스 비테 안 마이네 아드레쎄 인 코레아 젠덴

❋ 항공편[선편]으로 부탁합니다.
Ich bitte Sie, dies mit Luftpost[per Schiff] zu senden.
이히 비테 지 디스 밑 루프트포스트[퍼 쉽] 추 젠덴

❋ 한국까지 항공편으로 며칠 정도 걸립니까?
Wie viele Tage dauert es mit Luftpost?
뷔 퓔레 타게 다우어트 에스 밑 루프트포스트

❋ 항공편으로 얼마나 듭니까?
Wie viel kostet es mit Luftpost?
뷔 퓔 코스테트 에스 밑 루프트포스트

❋ 이걸 교환해 주시겠어요?

Können Sie dies bitte umtauschen?

쾬넨 지 디스 비테 움타우셴

❋ 다른 것으로 바꿔 주시겠어요?

Können Sie dies bitte durch ein anderes umtauschen?

쾬넨 지 디스 비테 두어히 아인 안더레스 움타우셴

❋ 깨져 있습니다.

Das ist zerbrochen.

다스 이스트 체어브록헨

❋ 찢어져 있습니다.

Das ist zerrissen.

다스 이스트 체어리쎈

❋ 사이즈가 안 맞았어요.

Die Größe passt nicht.

디 그뢰쎄 파쓰트 니히트

❋ 여기에 얼룩이 있습니다.

Hier sind Flecken.

히어 진트 플렉켄

❋ 구입할 때 망가져 있었습니까?

War das kaputt, als Sie es kauften?

봐 다스 카푸트 알스 지 에스 카우프텐

❋ 불량품인 것 같은데요.

Es scheint fehlerhaft.

에스 샤인트 뷀러하프트

✿ 어디로 가면 됩니까?
Wohin soll ich gehen?
보힌 졸 이히 게엔

✿ 반품하고 싶은데요.
Ich möchte das zurückgeben.
이히 뫽히테 다스 추뤽게벤

✿ 아직 쓰지 않았습니다.
Ich habe das gar nicht benutzt.
이히 하베 다스 가 니히트 베눗츠트

✿ 가짜가 하나 섞여 있었습니다.
Ein Unechtes war darin.
아인 운에히테스 봐 다린

✿ 영수증은 여기 있습니다.
Hier ist die Quittung.
히어 이스트 디 크뷧퉁

✿ 어제 샀습니다.
Ich habe es gestern gekauft.
이히 하베 에스 게스턴 게카우프트

✿ 환불해 주시겠어요?
Können Sie mir das Geld zurückgeben?
쾬넨 지 미어 다스 겔트 추뤽게벤

✿ 수리해 주시든지 환불해 주시겠어요?
Können Sie das reparieren oder das Geld zurückgeben?
쾬넨 지 다스 레파리-렌 오다 다스 겔트 추뤽게벤

❋ 면세점은 어디에 있습니까?
Wo ist das Duty-free Geschäft?
보 이스트 다스 듀티프리 게셰프트

❋ 얼마까지 면세가 됩니까?
Wie hoch ist die Reisefreigrenze/Wertgrenze?
뷔 호흐 이스트 디 라이제프라이그렌체/뵈어트그렌체

❋ 어느 브랜드가 좋겠습니까?
Welche Marke möchten Sie?
뷈혜 마케 뫽히텐 지

❋ 이 가게에서는 면세로 살 수 있습니까?
Kann ich in diesem Geschäft steuerfrei kaufen?
칸 이히 인 디젬 게셰프트 슈토이어프라이 카우펜

❋ 여권을 보여 주시겠어요?
Ihren Reisepass, bitte!
이-렌 라이제파쓰 비테

❋ 비행기를 타기 전에 수취하십시오.
Holen Sie es bitte vor dem Einsteigen ins Flugzeug ab!
홀렌 지 에스 비테 포어 뎀 아인슈타이겐 인스 플룩초익 압

한국에서 떠날 때 예약해 둔 경우에는 미리 전화나 시내의 항공회사 영업소에서 반드시 예약 재확인(bestätigen)을 하는 것이 좋습니다. 공항에서는 2시간 전에 체크인하는 것이 바람직합니다. 만일에 문제가 발생했더라도 여유를 가지고 대처할 수 있습니다. 또한 짐이 늘어난 경우에는 초과요금을 지불해야 합니다. 가능하면 초과되지 않는 범위 내에서 짐을 기내로 가지고 가도록 합니다.

Abschnitt 1 귀국편을 예약할 때

⚑ 예약은 어디서 합니까?
Wo kann ich reservieren?
보 칸 이히 레저비-렌

⚑ 내일 비행편을 예약할 수 있습니까?
Kann ich einen Flug für morgen reservieren?
칸 이히 아이넨 플룩 뛰어 모어겐 레저비-렌

⚑ 가능한 한 빠른 편이 좋겠군요.
Je früher, je lieber!
예 프뤼어 예 리버

⚑ 다른 비행편은 없습니까?
Gibt es einen anderen Flug?
깁트 에스 아이넨 안더렌 플룩

⚑ 직행편입니까?
Ist das ein Direktflug?
이스트 다스 아인 디렉트플룩

✿ 인천에는 몇 시에 도착합니까?

Um wie viel Uhr kommen wir in Incheon an?
움 뷔 퓔 우어 컴멘 뷔어 인 인천 안

✿ 확인해 보겠습니다.

Ich sehe mal nach.
이히 제에 말 나흐

Abschnitt **2** 예약을 재확인할 때

✿ 예약 재확인을 하고 싶은데요.

Ich möchte eine Rückbestätigung meiner Reservierung bekommen.
이히 뫽히테 아이네 뤽베슈테티궁 마이너 레저비룽 베컴멘

✿ 몇 시에 출발하는지 확인하고 싶은데요.

Ich möchte die Abflugszeit feststellen.
이히 뫽히테 디 압플룩스차이트 풰스트슈텔렌

✿ 2등석[1등석]을 부탁합니다.

Ich bitte um zweite[erste] Klasse.
이히 비테 움 츠봐이테[에어스테] 클라쩨

✿ 예약을 재확인했습니다.

Ich habe eine Rückbestätigung meiner Reservierung bekommen.
이히 하베 아이네 뤽베슈테티궁 마이너 레저비-룽 베컴멘

Abschnitt **3** 항공편을 변경하거나 취소할 때

✿ 일정을 변경하고 싶은데요.

Ich möchte meinen Reiseplan ändern.
이히 뫽히테 마이넨 라이제플란 엔던

✿ 죄송합니다만, 비행편을 변경하고 싶은데요.

Entschuldigen Sie bitte, Ich möchte meinen Flug ändern.

엔슐디겐 지 비테 이히 뫼히테 마이넨 플룩 엔던

✿ 오후 비행기로 변경하고 싶습니다.

Ich möchte ihn auf den Flug am Nachmittag ändern.

이히 뫼히테 인 아우프 덴 플룩 암 나흐미탁 엔던

✿ 미안합니다, 그 편은 다 찼습니다.

Entschuldigug, der Flug ist voll besetzt.

엔슐디궁 데어 플룩 이스트 필 베제츠트

✿ 웨이팅(대기자)으로 해 주시겠어요?

Könnten Sie mich bitte auf die Warteliste setzen?

쾬텐 지 미히 비테 아우프 디 봐테리스테 젯첸

✿ 어느 정도 기다려야 할까요?

Wie lang soll ich warten?

뷔 랑 졸 이히 봐-텐

✿ 예약을 취소하고 싶은데요.

Ich möchte meinen Flug stornieren.

이히 뫼히테 마이넨 플룩 슈토니-렌

Abschnitt 4 공항으로 이동할 때

✿ 공항까지 부탁합니다.

Fahren Sie bitte bis zum Flughafen!

퐈렌 지 비테 비스 춤 플룩하펜

✿ 짐은 몇 개입니까?

Wie viele Gepäckstücke haben Sie?

뷔 퓔레 게팩슈틱케 하벤 지

✿ 공항까지 어느 정도 걸립니까?

Wie lang dauert es bis zum Flughafen?

뷔 랑 다우어트 에스 비스 춤 플룩하펜

✿ 공항까지 대충 얼마입니까?

Wie lang dauert es ungefähr bis zum Flughafen?

뷔 랑 다우어트 에스 운게풰어 비스 춤 플룩하펜

✿ 빨리 가 주세요. 늦은 거 같네요.

Fahren Sie bitte schnell! Ich bin zu spät.

파렌 지 비테 슈넬 이히 빈 추 슈페트

✿ 어느 항공사입니까?

Welche Fluggesellschaft ist das?

뷀혜 플룩게젤샤프트 이스트 다스

Abschnitt **5** 물건을 놓고 왔을 때

✿ 기사님, 호텔로 돌아가 주시겠어요?

Herr Fahrer, können Sie bitte zum Hotel zurückfahren?

헤어 퐈러 퀸넨 지 비테 춤 호텔 추릭퐈렌

✿ 카메라를 호텔에 놓고 왔습니다.

Ich habe meine Kamera im Hotel vergessen.

이히 하베 마이네 카메나 임 호텔 풰어게쎈

✿ 중요한 것을 놓고 왔습니다.

Ich habe etwas Wichtiges vergessen.

이히 하베 에트봐스 뷔히티게스 풰어게쎈

✿ 어디에 두었는지 기억하고 있습니까?

Erinnern Sie sich, wo Sie es vergessen haben?

에어인네언 지 지히 보 지 에스 풰어게쎈 하벤

대한항공 카운터는 어디입니까?
Wo ist der Schalter der Korean Air?
보 이스트 데어 샬터 데어 코리안 에어

여기서 체크인할 수 있습니까?
Kann ich hier einchecken?
칸 이히 히어 아인첵켄

통로쪽[창쪽]으로 주세요.
Ich hätte gern einen Gangplatz[Fensterplatz].
이히 헤테 게언 아이넨 강플랏츠[휀스터플랏츠]

탑승 개시는 몇 시부터입니까?
Ab wann beginnt der Einstieg?
압 반 베긴트 데어 아인슈틱

출국카드는 어디서 받습니까?
Wo kann ich eine Ausreisekarte bekommen?
보 칸 이히 아이네 아우스라이제카르테 베컴멘

꼭 그 비행기를 타야 합니다.
Ich muss unbedingt den Flug nehmen.
이히 무쯔 운베딩트 덴 플룩 네멘

공항세는 있습니까?
Gibt es eine Flughafensteuer?
깁트 에스 아이네 플룩하펜슈토이어

짐의 초과요금은 얼마입니까?
Wie viel kostet Übergewicht?
뷔 필 코스테트 위버게뷕히트

* 이것은 기내에 가지고 들어갈 수 있습니까?
Darf ich das an Bord mitnehmen?
다프 이히 다스 안 보어트 밑네-멘

* 231편 탑승 게이트는 여기입니까?
Ist hier das Boarding Gate für Flugnummer zwei drei eins?
이스트 히어 다스 보딩 게이트 퓌어 플룩눔머 츠봐이 드라이 아인스

Abschnitt **7** 비행기 안에서

* 탑승권을 보여 주시겠어요?
Ihre Bordkarte bitte.
이-레 보드카르테 비테

* 입국카드는 가지고 계십니까?
Haben Sie Einreisekarte?
하벤 지 아인라이제카르테

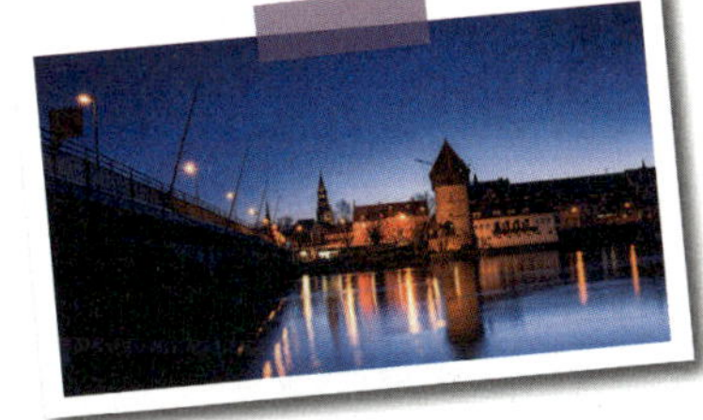

* 이것이 세관신고서입니다.
Dies ist die Zollerklärung.
디스 이스트 디 촐에어클레-룽

* 인천에 언제 도착합니까?
Wann kommen wir in Incheon an?
봔 컴멘 뷔어 인 인천 안

* 제시간에 도착합니까?
Kommen wir pünktlich an?
컴멘 뷔어 퓡크틀리히 안

* 목적지는 인천입니까?
Ist der Zielort Incheon?
이스트 데어 칠오어트 인천

무조건 따라하면 통하는
일상생활 영어 여행회화 365

이원준 엮음 | 128*188mm | 368쪽
12,000원(mp3 파일 무료 제공)

무조건 따라하면 통하는
일상생활 일본 여행회화 365

이원준 엮음 | 128*188mm | 368쪽
12,000원(mp3 파일 무료 제공)

무조건 따라하면 통하는
일상생활 중국 여행회화 365

이원준 엮음 | 128*188mm | 368쪽
12,000원(mp3 파일 무료 제공)

초보자도 쉽게 통하는
바로바로 여행 독학 영어

권국일, 장현애 저 | 148*210mm | 304쪽
13,000원(본문 mp3 파일 무료 제공)

초보자도 쉽게 통하는
바로바로 여행 독학 일본어

서지위, 장현애 저 | 148*210mm | 304쪽
13,000원(본문 mp3 파일 무료 제공)

초보자도 쉽게 통하는
바로바로 여행 독학 중국어

서지위, 장현애, 장지연 저 | 148*210mm
304쪽 | 13,000원(본문 mp3 파일 무료 제공)